초등학생을 위한
인물 한국사

초등학생을 위한 인물 한국사 ❶

초판 1쇄 발행 · 2013년 12월 15일
개정판 1쇄 발행 · 2024년 5월 8일

글쓴이 · 윤희진
그린이 · 이광익
발행인 · 이종원
발행처 · 길벗스쿨
출판사 등록일 · 2006년 6월 16일
주소 · 서울시 마포구 월드컵로 10길 56(서교동)
대표전화 · (02)332-0931 | **팩스** · (02)322-3895
홈페이지 · www.gilbutschool.co.kr | **이메일** · gilbut@gilbut.co.kr

기획 · 이효진 · **편집관리** · 김언수 · **제작** · 이준호, 손일순
마케팅 · 지하영 · **영업유통** · 진창섭 · **영업관리** · 정경화 · **독자지원** · 윤정아

표지디자인 · 이현숙 · **본문디자인** · 윤현이 · **정보면그림** · 최미란 · **인쇄 및 제본** · 상지사피앤비

ⓒ 윤희진, 이광익 2013

잘못 만든 책은 구입한 서점에서 바꿔 드립니다.
이 책은 저작권법에 따라 보호받는 저작물이므로 무단전재와 무단복제를 금합니다.
이 책의 전부 또는 일부를 이용하려면 반드시 사전에 저작권자와 길벗스쿨의 서면 동의를 받아야 합니다.

ISBN 979-11-6406-743-5 (74910)
979-11-6406-742-8 SET
(길벗스쿨 도서번호 200424)

제품명 : 초등학생을 위한 인물 한국사 1	주소 : 서울시 마포구 월드컵로 10길 56 (서교동)
제조사명 : 길벗스쿨	전화번호 : 02-332-0931
제조국명 : 대한민국	제조년월 : 판권에 별도 표기
사용연령 : 8세 이상	KC마크는 이 제품이 공통안전기준에 적합하였음을 의미합니다.

초등학생을 위한
인물 한국사

1 고대 단군~대조영

윤희진 글 이광익 그림
서울대 뿌리깊은 역사나무 감수

길벗스쿨

감수·추천의 글

인물 이야기로
역사 공부를 시작하세요

초등학생 가운데에는 이렇게 묻는 친구들이 많습니다.

"역사가 저에게 무슨 의미가 있나요?"

"역사 드라마나 영화는 재미있는데,
왜 학교 역사책은 재미가 없나요?"

저도 역사를 가르치는 사람입니다만, 이런 질문 앞에서는 말문이 막히곤 합니다. 역사 공부의 의미를 일깨우는 것은 물론, 재미있게 역사를 알려 줄 수만 있다면 얼마나 좋을까요?

그런 가운데 《초등학생을 위한 인물 한국사》를 만나 무척 반가웠습니다.

우선, 딱딱한 역사 사실을 공부하기보다는 인물의 삶을 직접 들여다보며 역사의 흐름을 익히면 역사와 쉽게 친해질 수 있습니다. 초등학교 교과서로 역사를 접하기 전에 미리 《초등학생을 위한 인물 한국사》를 읽으면, 역사 공부에 흥미를 갖는 동시에 한국사의 흐름을 한눈에 파악할 수 있을 것입니다.

그리고 《초등학생을 위한 인물 한국사》는 역사를 바로 보는 힘을 키워 줍니다. 대부분의 위인전들이 인물에 대한 칭찬 일색이라면, 이 책은 인물을 공정하게 바라봅니다. 또 "그 상황 속에 내가 있었다면 어떤 선택을 했을까?" 하고 독자가 스스로 판단해 보도록 유도합니다. 인물과 사건을 바라보면서 생각하는 힘을 키우는 것, 그것이 역사를 공부하는 진정한 의의 아닐까요?

여러분들은 이 책에서 역사 속 인물들을 생생하게 만날 수 있습니다. 그중에는 단군, 세종 같은 위대한 왕도 있지만, 여성·노비·화가 등 보통의 백성이나 사회적 약자들도 있습니다.

이처럼 우리 역사를 이끌어 온 것은 힘 있는 몇몇이 아니라, 자기 자리에서 늘 열심히 살아온 백성들과 다양한 분야에서 활동했던 인물들이지요. 역사에 이름을 남긴 인물들도 따지고 보면 여러분과 크게 다르지 않습니다. 태어날 때부터 비범한 재주를 지녀서 역사에 이름을 남겼다기보다는 꿈을 꾸고, 이를 위해 부지런히 공부하고 일하였기 때문에 지금까지 우리가 기억하는 것입니다.

이 책을 읽으며 한국사를 이끈 인물들이 어떤 꿈을 꾸었는지, 나라와 사회와 인류를 위해 무슨 일을 했는지를 살펴보세요. 자연스레 "나는 앞으로 무슨 일을 하며 세상에 어떻게 이바지할까?"를 되묻게 될 겁니다. 그러는 사이 여러분들도 이웃과 더불어 세상에 이바지하는 어른으로 훌쩍 자라나 있을 것입니다.

'서울대학교 뿌리깊은 역사나무'를 대표하여

김태웅

머리말

옛사람들의 기록을 찾아 해석하며
역사 탐정 놀이를 해 볼까?

역사란 무엇일까? 뭐, 재미없는 암기 과목? 어려운 한자어를 많이 외워야 하는 공부라고?

엄마는 역사란 우리보다 먼저 살았던 사람들의 이야기라고 생각해. 그러니까 가깝게는 아빠의 아버지, 그리고 그 아버지, 또 엄마의 어머니, 그리고 그 어머니……. 이런 분들이 어떻게 살아왔나를 알려 주는 이야기라는 거지. 물론 그분들이 어떻게 살았는지 모두 다 알 수는 없어. 매일 일기처럼 써 둔 기록들이 전하는 것도 아니고.

그런데 이 책에서 다루는 역사 인물인 단군이나 광개토 대왕, 세종 대왕은 오랜 옛날 사람들이긴 하지만 그들에 대한 기록이 남아 있어. 그 기록을 통해 그들과 주변 사람들이 어떻게 살았는지 짐작하고, 또 어떤 일을 겪었는지, 어떤 일을 했는지도 알 수 있는 거야.

그런 이야기를 왜 알아야 하냐고? 생각해 봐. 너도 네가 쓴 옛날 일기장을 다시 들춰 본 적이 있을 거야. 그러면 지금의 네 모습과 비교가 되기도 하고, 반성하는 마음이 생기기도 하지?

마찬가지야. 옛사람들의 삶을 살펴보면서 나라면 어떻게 했을까 생각해 보고, 긴 역사 속의 한 사람으로서 어떻게 살아가야 할지 고민해 보는 것, 그게 역사를 공부하는 진짜 이유 아닐까?

이제부터 우리 역사 속 인물들의 기록을 하나하나 찾아보면서 우리나라 역사 전체의 모습을 완성해 보려 해. 우리 역사 속에는 수많은 인물들이 있지만, 이 다섯 권의 책에서는 교과서에 나와 있는 인물들을 중심으로 단군에서 김구까지 총 58명을 만나 볼 거야.

참, 여기서 역사의 비밀 한 가지! 역사는 오래전에 쓰인 기록을 읽고 그 의미를 따져 보는 학문이야. 그러니 그 기록을 누가 썼고 또 왜 썼는지에 대해서 꼭 생각해 봐야 해. 어떤 의도를 가지고 그 기록을 썼는지 알아야 한다는 거야. 일부러 그 인물에 대해 나쁜 이야기를 쓴 경우도 있고, 또 과장해서 칭찬을 한 경우도 있으니까 탐정처럼 꼼꼼히 잘 살피며 따지자고! 그게 역사를 읽는 또 다른 재미이지.

자, 역사 탐정 놀이를 할 준비가 됐니? 이제 본격적으로 이 땅에 살았던 사람들을 만나러 떠나 볼까?

윤희진

차례

감수·추천의 글
머리말
역사 인물들을 만나러 가기 전에 10

단군, 우리 역사의 출발점이 되다 16

주몽, 부여에서 탈출해 고구려를 세우다 26

광개토 대왕, 동북아시아를 호령하다 38

연개소문, 당나라로부터 한반도를 지키다 48

온조, 한반도 남쪽에 백제를 세우다 60

근초고왕, 백제의 전성기를 화려하게 꽃피우다 70

계백, 백제의 마지막 운명을 위해 목숨을 바치다 80

박혁거세, 천 년 왕국 신라를 처음 열다 90

이차돈, 신라의 불교를 위해 순교하다 102

김유신, 신라의 삼국 통일을 이끌다 110

원효, 신라 백성들에게 불교를 전하다 122

김수로, 철의 나라 여섯 가야를 이끌다 132

대조영, 북쪽 땅에 해동성국 발해를 세우다 142

학습 정리 퀴즈 152
찾아보기 158
사진 출처 · 학습 정리 퀴즈 정답 160

역사 인물들을 만나러 가기 전에

오늘날 우리가 사는 한반도에 사람들이 살기 시작한 것은 언제부터일까? 약 70만 년 전이야. 인류는 아프리카 땅에 처음 등장한 뒤로 세계 각지로 퍼져 나갔는데, 그중 동쪽으로 이동하던 무리 몇몇이 중국을 지나고 압록강을 건너서 우리 땅까지 들어왔지.

그렇다면 당시 사람들은 어떻게 살았을까?

주로 나무 열매나 풀뿌리 등을 먹고 살았어. 사냥도 했지. 하지만 작은 돌을 깨뜨리거나 떼어서 만든 뗀석기밖에는 사용하지 못했기 때문에 큰 동물은 잡지 못했어. 토끼, 노루처럼 작은 동물을 잡아먹거나 죽은 짐승의 고기를 먹었지.

당시 사람들은 먹을 것을 찾아 자주 이동해야 했기 때문에 동굴에서 살았어. 불도 사용할 줄 알아서 음식

을 익히거나 위험한 짐승을 쫓을 수도 있었고.

 충청북도 제천 점말 동굴과 경기도 연천 전곡리, 평안남도 상원 검은모루 동굴 등에는 아직도 그때 사람들의 흔적이 남아 있어. 몇십만 년 전 사람들이 살던 흔적 말이야. 이 시대를 **구석기 시대**라고 해.

 잠깐, 이쯤에서 시대 구분에 대해 이야기하고 넘어가는 게 좋겠다. 역사학자들은 인류가 살았던 긴 시간을 그 특징에 따라 몇 가지로 나누었어. 구분하는 기준은 어떤 도구를 사용했느냐는 거야.

 돌을 주로 사용하던 시대는 석기 시대라고 하는데, 석기를 만드는 방법에 따라 다시 구석기 시대와 신석기 시대로 나눠. 그리고 구리에 주석이나 아연을 섞은 청동이 등장한 뒤로는 청동기 시대, 청동보다 단단한 철을 사용하기 시작한 뒤로는 철기 시대라고 해.

 뭐, 이건 순전히 오늘날 역사학자의 구분일 뿐이야. 당시 사람들이야 구석기 시대인지 신석기 시대인지 모르고 살았지.

신석기 시대는 기원전 8000년 무렵 시작되었어. 몹시 추웠던 빙하기가 끝나고 한반도의 날씨가 따뜻해지자 얼음이 녹아 물과 바다가 늘어났어. 식물들도 잘 자랐고. 사람들도 훨씬 살기 좋아졌겠지?

이제 사람들은 잡아먹을 것이 많은 강가와 바닷가 같은 물가에서 살았어. 물고기와 조개를 많이 잡으려고 도구도 만들었지. 뗀석기보다 훨씬 정교하게 돌을 갈아 만들었는데, 이것을 간석기라고 해.

강가나 바닷가에는 동굴이 많지 않아서 사람들은 동굴 대신 땅을 파고 움집을 지어서 살았어. 한강 근처 암사동에는 이 신석기 시대 마을 터가 지금도 남아 있지.

사람들은 땅에 씨를 뿌려 열매도 거두기 시작했어. 그래! 농사를 짓게 된 거야. 처음에는 조, 수수 같은 곡식을 가꾸었어.

농사를 지어 얻은 곡물을 보관하고 또 이것을 익혀 먹으려면 무엇이 필요할까? 맞아, 그릇이 있어야 하지. 그럼 당시 사람들은 무엇으로 그릇을 만들었을까?

> 봄에 뿌린 씨가 잘 자랐네. 배부르게 곡식을 먹을 수 있겠군.

> 신석기 시대의 삶을 만나 봐~

아마 나무로도 그릇을 만들었을 텐데, 이때 만든 나무 그릇은 다 썩어서 우리가 지금 눈으로 확인할 길은 없어. 하지만 흙으로 빚은 토기는 아직도 남아 있지! 박물관에서 너도 본 적 있을 거야.

아래쪽이 좁고 위쪽으로 갈수록 넓어지는 고깔 모양의 그릇 말이야. 표면에는 물고기 뼈 같기도 한 빗살무늬들이 그려져 있잖아. 그 무늬 때문에 빗살무늬 토기라고 부르고. 그런데 왜 토기의 아래쪽이 더 뾰족할까? 아마 모래나 부드러운 흙으로 된 집 안의 바닥에 쿡 박아 세워 놓고 사용했던 것 같아.

이 시대 사람들은 힘들고 위험하게 사냥하는 것보다 순하고 어린 동물들을 잡아다 집에서 기르는 게 훨씬 낫다는 것도 알게 되었어. 그래서 개, 돼지 등의 가축을 기르기 시작했지.

다시 오랜 세월이 지나 기원전 2000년 무렵의 어느 날, 한 지혜로운 사람이 구리를 불에 녹인 다음, 주석이나 아연을 섞어 빛나고 단단한 청동기를 만드는 기술을 개발해 냈어.

두둥! **청동기 시대**가 시작된 거야. 그렇지만 청동기는 만들기가 어려웠어. 그래서 칼 같은 무기나, 청동 거울처럼 하늘에 제사 지낼 때 쓰는 아주 중요한 것만 청동으로 만들었어. 그 외에 보통 도구들은 여전히 돌과 나무로 만들었지.

이때 사람들은 무늬가 없는 토기인 민무늬 토기를 썼고, 일부 지역에서는 벼농사를 짓기 시작했어. 마을을 이루고 여러 사람들이 함께 살기 시작했고.

또 농사짓는 기술이 점차 발달해 사람들에게는 다 먹고도 남을 만큼의 곡식과 가축이 생겼어. 그러자 자연스레 재산을 많이 가진 사람과 적게 가진 사람, 나아가 지배를 하는 사람과 지배를 받는 사람으로 나뉘었지.

가장 힘이 세거나 지혜로운 사람이 마을을 다스렸고, 마을끼리는 힘을 겨뤄 힘이 센 마을이 약한 마을을 아우르게 돼. 이런 일이 반복되면서 무리의 수도 점점 늘어났어.

이렇게 구석기 시대부터 청동기 시대까지 이 땅에서 사람들이 어떻게 살아왔는지 간단하게 살펴봤지만 실제로는 아주 긴 시간이야. 그런데 이 시기의 역사는 글로 전하지 않아. 이때는 글이 없었거든. 오늘날 남아 있는 유물로 당시 삶을 짐작할 수 있을 뿐이지. 이렇게 글로 된 기록이 전하지 않는 시기를 **선사 시대**라고 해.

하지만 글로 전하지 않더라도 우리가 사는 이 땅에 아주 오래전부터 사람들이 살아온 건 유물을 통해 충분히 알 수 있어. 그들은 오랜 세월 자연을 통해 배우며 더 나은 삶의 방식들을 찾아 변화해 왔지. 그런 노력이 있었기 때문에 지금의 우리가 있는 거고!

자, 이제 이름 없는 선사 시대 사람들의 이야기를 넘어 글로 전해지는 역사 시대로 넘어가 볼까? 우리 역사 속에서 이름을 날린 여러 인물들을 하나하나 만나면서 말이야!

▶ 70만 년 동안 수많은 사람들이 이 땅에서 살다 갔지만, 아무도 이름을 남기지 않았다. 드디어 책에 이름을 남긴 이가 등장했으니, 바로 단군이다.

단군, 우리 역사의 출발점이 되다

'단군 이래 최대의 건설', '단군 이래 최악의 사건'……. 뉴스에서 이런 말 들어 본 적 있니? 우리 역사가 시작된 뒤로 무언가가 가장 크거나 심하다는 뜻이야. 이렇게 우리는 '단군'이라는 말을 우리 역사의 시작과 같은 의미로 사용하는 경우가 많아. 그건 우리 역사에 맨 처음으로 등장하는 사람이 단군이기 때문이지. 단군이 고조선을 세우면서부터 우리나라 역사가 본격적으로 시작되었거든.

단군에 대한 이야기는 우리나라의 아주 오래된 역사책 중 하나인 《삼국유사》에서 찾아볼 수 있어. 어떤 내용이 전하는지 함께 살펴보자.

 아주 오래전, 우리 조상님의 조상님의 조상님의……. 거슬러 올라가기도 힘들 정도의 먼 옛날! 하늘나라에는 하늘을 다스리는 하느님 환인이 있었어.

 하느님에게는 환웅이라는 아들이 있었는데, 환웅은 하늘에서 살기보다 땅으로 내려가고 싶어 했대. '널리 인간을 이롭게 한다.'는 홍익인간의 뜻을 품었다나 뭐라나.

 환웅은 하느님을 조르고 졸라 마침내 허락을 받았어. 그러고는 비, 바람, 구름을 다스리는 신하와 자신을 따르는 무리 3,000여 명을 이끌고 하늘 아래 경치가 가장 아름다운 곳으로 내려왔지.

 태백산 꼭대기 신단수라는 신성한 나무가 있는 곳에 내려온 환웅은 그곳을 '신시'라 하고, 사람들을 다스리기 시작했어.

 그러던 어느 날이었어. 곰과 호랑이가 환웅을 찾아와서는 사람이 되게 해 달라고 비는 거야. 그게 무슨 뜬금없는 소리냐고? 그런데 환웅은 그 소원을 들어주겠다고 했어. 하느님의 아들이니 그 정도 일은 할 수 있었나 봐.

 하지만 조건이 하나 있었어.

 "이 쑥과 마늘을 먹으며 100일 동안 햇빛을 보지 않도록 하여라. 그러면 사람이 될 것이다."

 둘은 쑥과 마늘을 가지고 어두컴컴한 동굴로 들어갔어. 그런데 너라면 100

일이나 햇빛도 못 보고 쑥과 마늘만 먹으며 견딜 수 있겠니? 호랑이는 참지 못하고 이내 동굴을 뛰쳐나갔어. 하지만 곰은 묵묵히 잘 참아 냈지. 그렇게 삼칠일(21일)이 지나자 곰은 진짜 여인이 되었어.

환웅은 이 여인 웅녀를 아내로 맞이해 아들을 낳았는데, 이 아이가 우리가 아는 단군, 바로 단군왕검이야. 단군왕검은 아사달을 도읍으로 하고 조선(고조선)이라는 나라를 세웠어. 그리고 1,500년 동안 조선을 다스린 뒤 신선이 되었는데, 이때 단군왕검의 나이는 무려 1,908살이었대.

에이, 순 뻥이라고? 그래, 그렇게 보일 수도 있어. 역사라기보다는 과장된 옛이야기 같지? 그래서 사람들은 오랫동안 단군을 역사 인물이 아닌 그냥 신화에 나오는 사람으로 여겼어. 그런 의미에서 이 이야기도 '단

단군
우리 역사를 처음 연 고조선의 왕.
환웅과 웅녀 사이에서 태어나
기원전 2333년에 고조선을 세웠고,
약 1,500년 동안 나라를 다스렸다.

군 신화'라고 불렀지.

하지만 여기서 이해해야 할 것이 있어. 단군이 우리 민족의 첫 나라, 고조선을 세운 것은 기원전 2333년, 그러니까 지금으로부터 4,300년도 더 전이라는 거야. 단군 이야기를 담고 있는 《삼국유사》가 쓰인 것은 지금으로부터 700여 년 전의 일이고.

《삼국유사》를 쓴 일연 스님도 고려 시대에 살았던 옛날 사람이지만 스님

역시 실은 까마득한 옛날 일을 기록한 거야. 그러니 그때 이미 단군 이야기는 긴 세월 사람들의 입에서 입으로 전해지면서 이야기가 덧붙여지기도 하고 원래와 달라지기도 했을 거야.

그래도 이 이야기 속에는 당시 사람들이 전하려고 했던 의미들이 숨겨져 있으니 우리 함께 그 의미를 찾아내 볼까? 신화는 그러니까 암호 같은 거라고 생각하면 돼.

첫 번째 암호!

먼저 단군의 할아버지는 하늘나라를 다스리는 하느님이었어. 아버지인 환웅도 원래 하늘나라에 살았고. 하늘나라에서 온 사람이라니, 뻥 중에서도 이게 가장 큰 뻥 같지? 그런데 단군뿐 아니라 부여나 고구려를 세운 사람들도 자기들의 조상이 하늘 신이라고 했단 말이야. 또 다른 나라 신화에서도 그런 경우가 많아.

그러니 여기서 하늘의 자손이라는 말은 정말 하늘에서 왔다는 의미가 아니라, 그 땅이 아닌 다른 곳에서 온 무리를 뜻한다고 보는 게 정확해.

원래 그 땅에 살던 사람이

라면 어느 날 갑자기 자기가 하늘의 자손이라고 말하기는 어려울 거야. 반면 다른 곳에서 온 힘이 센 무리가 자신들이 뭔가 특별하고 신성한 존재라고 주장할 수는 있겠지. "나는 하늘에서 왔으며, 너희와는 다른 특별한 존재이다. 그러니까 내가 너희를 다스리겠다." 이렇게 말이야. 아마 환웅도 태백산에 와서는 자신이 하늘의 자손이라 주장하며 사람들을 다스려 나갔을 거야.

다음, 두 번째 암호!

환웅이 태백산에 온 뒤 무슨 일이 일어났지? 곰과 호랑이가 사람이 되고 싶다고 찾아왔고, 환웅이 그들에게 미션을 주잖아. 쑥과 마늘만 먹으며 100일 동안 햇빛을 보지 말라는 것! 미션 임파서블, 진짜 불가능해 보이는 미션이야.

결국 호랑이는 참지 못하고 뛰쳐나갔어. 하지만 곰은 잘 이겨 내 21일 만에 사람이 되었지. 환웅도 진짜 100일이나 그 힘든 일을 시킬 생각은 없었나 봐. 호랑이도 조금만 더 참았으면 사람이 되었으려나?

이 이야기도 사실이라고 믿을 수는 없겠지? 이 암호에 숨겨진 진짜 의미는 여기 나오는 호랑이와 곰이 각각 호랑이를 신성시하는 무리와 곰을 신성시하는 무리를 상징한다는 거야. 환웅이 태백산에 왔을 때 이미 그곳에는 두 무리가 살고 있었던 거지.

당시 사람들은 어떤 동물이나 식물이 자기 무리와 깊은 관계가 있다고 믿고, 거기에 제사를 지내며 의지했어. 지금으로서는 말도 안 되는 일이지만 그

땐 그랬다고!

어쨌든 이 이야기는 호랑이를 믿는 무리는 환웅을 따르지 않고 떠났고, 곰을 믿는 무리는 남아 환웅과 함께 나라를 세웠음을 보여 줘.

마지막 암호!

단군왕검은 1,500년 동안 나라를 다스리며 1,908살까지 살다가 신선이 되었다고 했지? 이것도 마냥 사실로 받아들일 수는 없어.

역사학자들은 단군왕검이 한 사람의 이름이 아니라 고조선의 왕을 통틀어 가리킨다고 해석해. 그러니까 단군의 자손들 모두가 단군왕검으로 불리며 대를 이어 오랫동안 나라를 다스렸다는 거지.

단군왕검은 제사장을 뜻하는 '단군'과 정치 지배자를 뜻하는 '왕검'이 합쳐진 말이야. 하늘에 제사 지내는 무당이자 정치적 지배자인 왕이었다는 뜻이지. 오늘날로 치면 대통령이 나랏일은 물론 목사나 승려처럼 종교의 우두머리까지 맡았던 셈이야.

◆◆◆

기원전 108년 고조선은 중국의 한나라에 멸망당했어.

그 뒤 고구려, 백제, 신라 등의 나라가 잇따라 세워졌는데, 각 나라에는 자신들의
건국 신화가 있었어. 그래서 단군에게는 별 관심이 없었지. 단군은 고조선 지역에 살던 몇몇 사람들의 말과 신앙을 통해서만 전해질 뿐이었어.

그러다 사람들이 고조선과 단군에게 관심을 갖기 시작한 것은 고려 후기, 몽골의 침략을 받아 나라가 매우 큰 위험에 처했을 때야. 백성들의 마음을 하나로 모으고, 지친 백성들을 위로해 줄 누군가가 필요했거든. 그때! 우리 모두의 뿌리, 우리 역사의 시작에 단군이 있음을 기억해 낸 거야.

《삼국유사》와 《제왕운기》라는 책을 통해 단군은 다시 알려졌고, 이로써 우리 역사의 기원이 되었지. "우리 모두는 단군의 후손으로 같은 뿌리를 갖고 있다. 그러니 모두 힘을 합쳐 고난을 이겨 내자."고 말할 수 있게 된 거야.

그 뒤 조선 시대에 임진왜란, 병자호란 등 큰 전쟁을 치른 뒤 혼란을 극복하기 위해서나, 일본의 침략에 맞설 때에도 단군은 우리 민족을 하나로 묶어 주는 구심점이 되었어.

나 단군은 우리 민족의 역사를 열었다. 후손들아! 자랑스런 역사를 만들어라.

고조선의 세력 범위

백두산

마니산

복습하는 인물 연표

?	?	기원전 2333년	기원전 108년	1281년
하느님의 아들 환웅이 태백산에 내려와 사람들을 다스렸다.	환웅이 웅녀를 아내로 맞아 단군을 낳았다.	단군이 고조선을 세운 뒤 1,500년 동안 나라를 다스렸다.	고조선이 중국 한나라의 공격을 받아 멸망했다.	일연 스님이 《삼국유사》에 단군 이야기를 기록했다.

8조법으로 고조선 들여다보기

고조선은 어떤 나라였을까? 고조선의 모습은 오늘날 알려진 것이 거의 없지만 중국 역사책에 그 힌트가 조금 남아 있어.

고조선에는 백성을 다스리는 8개의 법이 있었대. 지금은 그중 3개의 내용만 전해 오는데, 이것을 보면 고조선의 모습을 짐작할 수 있어.

8조법
- 사람을 죽인 자는 사형에 처한다.
- 남을 다치게 한 자는 곡식으로 갚아야 한다.
- 도둑질을 한 자는 데려다 노비로 삼는다. 만일 도둑질한 사람이 죄를 벗으려면 많은 돈을 내야 한다.

자, 이 법을 통해 고조선의 모습을 상상해 보자. 먼저 고조선은 꽤 엄격한 사회였던 거 같아. 사람을 죽이거나 다치게 한 사람, 도둑질한 사람은 오늘날보다 더 큰 벌을 받잖아.

또 남을 다치게 한 사람은 곡식으로 갚아야 한다는 말이 있으니 농사를 짓고 살았을 거야. 네 돈과 내 돈을 구분하는 걸 보면 각자 자기 재산도 가지고 있었나 봐.

도둑질한 사람을 데려다 노비로 삼는다는 말 있지? 노비가 있었으면 당연히 노비의 주인도 있었을 거야. 그러니까 좀 어려운 말로 신분의 차이가 있었다는 걸 알 수도 있겠구나.

> 약 2,000년 전, 한반도와 그 북쪽에는 작은 나라들이 여럿 있었다. 이 작은 나라들을 통합해 커다란 나라로 만들어 갈 싹이 부여 땅에서 자라고 있었으니…….

주몽,
부여에서 탈출해 고구려를 세우다

　고조선이 멸망하기 조금 전, 그보다 북쪽에 부여라는 나라가 세워졌어. 또 고조선이 멸망한 뒤에는 고구려를 비롯해 동예, 옥저 등의 작은 나라들도 세워졌지. 그러다 나중에 고구려가 이 모든 나라를 아우르고 크게 성장하게 되었어!

　자, 그럼 이제 고구려를 처음 세운 사람을 만나 보자. 먼저 고구려가 세워진 이야기를 들려줄 테니 그 인물이 누구인지 찾아봐. 준비됐지?

고조선의 북쪽에 있던 나라, 부여에서 이야기는 시작돼. 금와왕이 다스리던 때였지. 금와왕이 어느 날 사냥을 나갔다가 한 여인을 만났어. 그 여인은 무척이나 아름다웠는데, 금와왕을 보자 이렇게 말했어.

"저는 물의 신인 하백의 딸, 유화라고 합니다."

그녀는 부모의 허락 없이 하늘 신의 아들 해모수와 결혼했다가 쫓겨났다며 자신의 처지를 이야기했어. 그런 유화가 불쌍해서였을까? 금와왕은 유화를 궁으로 데려왔지.

궁에 온 유화는 얼마 뒤 아이를 낳았어. 그런데 놀라운 것은 유화가 낳은 게 글쎄 사람이 아니라 큰 알인 거야! 그게 말이 되냐고? 그래, 금와왕도 몹시 놀랐나 봐. 그는 펄펄 뛰며 신하들에게 소리쳤어.

"좋지 않은 징조다. 당장 저 알을 갖다 버려라!"

신하들은 알을 길에 갖다 버렸어. 그런데 이게 웬일이야? 새들이 날개로 알을 덮고 소와 말은 알을 피해 걸으며 보호하더래. 신하들이 알을 깨려고 애써 봤지만 깨지지도 않았어.

결국 금와왕은 유화에게 알을 돌려주었어. 유화는 알을 천으로 곱게 싸서 따뜻한 곳에 두었지. 얼마쯤 흘렀을까? 알에서 건강하고 잘생긴 사내아이가 태어났어.

어려서부터 몸이 크고 씩씩했던 아이는 겨우 일곱 살의 나이에 활과 화살을 <u>스스로</u> 만들어 쏘았다고 해. 그런데 100번을 쏘면 100번 다 정확하게 맞추는 거야. 일곱 살이면 화살을 들기도 힘들 텐데, 정말 대단하지? 그때 부여에서는 활 잘 쏘는 아이를 주몽이라 불렀대. 그래서 그 아이도 주몽이라고 불리다가 나중에는 아예 주몽이 이름이 되었지.

한편 금와왕에게는 일곱 왕자가 있었어. 왕자들은 주몽과 함께 궁에서 자랐는데, 이들은 자신들보다 힘이 세고 무예가 뛰어난 주몽을 늘 시샘했어.

그러던 어느 날 큰아들 대소 왕자가 금와왕에게 말했어.

"주몽을 일찍 없애지 않으면 뒷날 안 좋은 일이 있을까 두렵습니다."

하지만 금와왕은 대소의 말을 듣지 않았어. 대신 주몽에게 말을 기르는 허드렛일을 맡겼지. 이때도 주몽의 슬기로움이 빛났어. 날랜 말은 먹이를 적게 주어 마르게 하고, 둔한 말은 잘 먹여 살찌운 거야. 금와왕이 겉보기에 좋은 말을 고를 것을 미리 예상하고 준비한 것이었지. 그 덕분에 날랜 말은 주몽의 것이 되었어.

그런데 주몽은 얼마 뒤 왕자들에게 제대로 미운털이 박히고 말아. 들판에서 사냥을 하는데, 주몽이 왕자들보다 화살이 더 적었는데도 훨씬 많은 짐승을 잡은 거야. 왕자들은 모든 면에서 뛰어난 주몽을 죽이려 음모를 꾸미기 시작했어. 이러다 자신들을 제치고 왕이라도 될까 걱정한 거지.

이를 눈치챈 주몽의 어머니가 몰래 주몽을 불렀어.

"이 나라 사람들이 너를 죽이려 할 것이다. 너의 재주와 능력으로 어디에 간들 큰일을 못 하겠느냐. 여기에서 죽임을 당하느니 멀리 가서 뜻을 이루어라."

어머니의 말씀을 따라 주몽은 자신을 따르는 무리를 이끌고 서둘러 남쪽으로 길을 떠났어. 주몽이 도망친 것을 눈치챈 왕자들도 곧 추격병을 보냈지.

다그닥 다그닥! 다그닥 다그닥!

뒤에서는 추격병들이 따라오는데, 주몽은 그만 눈앞이 캄캄해졌어. 앞에 큰 강이 가로막고 있는 거야! 물론 다리도 없었어. 절박해진 주몽은 강 앞에서 외쳤어.

"나는 하늘 신의 손자이고, 물의 신 하백의 외손자이다. 강을 건너려는데 다리는 없고 저들은 쫓아오니 어찌해야 하는가?"

그러자 갑자기 물속에서 물고기와 자라가 올라와서는 다리를 만들어 주었어. 주몽과 무리가 강을 건너자마자 물고기와 자라는 어느새 흩어졌지. 추격병들은 더 이상 주몽을 쫓지 못했어.

무사히 강을 건넌 주몽의 무리는 재사, 무골, 묵거 세 사람을 만나 이들과 함께 졸본(환인) 지역에 고구려를 세웠어. 이때 주몽의 나이 스물두 살이었다고 해. 지금으로 따지면 대학생쯤 되는 나이에 나라를 세운 거야!

◈ ◈ ◈

고구려를 처음 세운 인물은 주몽이야. 드라마나 책에서 한 번쯤은 들어 본 이름이지? 그런데 이 이야기도 단군 이야기 못지않게 뻥이 심해.

 하지만 이러한 신화는 어떤 암호이기 때문에 해석을 해야 한다고 말했지? 이번에도 함께 암호를 풀어 보자.

첫 번째 암호!

주몽의 아버지는 하늘 신의 아들인 해모수, 어머니는 물의 신인 하백의 딸 유화라고 했어. 부모가 모두 신이라니, 이렇게 귀한 집 자손이라는 것은 무엇을 뜻할까?

주몽(기원전 58~기원전 19)
고구려의 건국자. 하늘 신의 아들 해모수와 물의 신의 딸 유화 사이에서 태어났으며, 부여를 떠나와 졸본 땅에 고구려를 세웠다.

바로 주몽이 매우 특별한 인물이라는 것이지.

가만, 한 가지 더 있어. 사람의 몸이 아니라 알에서 태어났다잖아. 파충류나 조류도 아니고 사람이 알에서 태어나다니……. 또 알에서부터 동물들의 보호를 받았다는 내용은 주몽이 특별한 인물이라는 것을 한 번 더 강조한 거라고 볼 수 있어.

옛날 사람들은 하늘을 나는 새를 매우 신성하게 생각했어. 신처럼 매우 고귀한 존재로 보았지. 신은 하늘 위에 있고 인간은 땅에 살잖아. 그러니 하늘을 나는 새가 신과 더 가깝다고 생각했나 봐. 그래서 다른 신화에서도 주

요 인물이 알에서 태어났다든가 새와 같은 모습을 하고 있다든가 하는 내용을 종종 찾아볼 수 있어.

그런데 이렇게 여러 번 주몽이 강하고 특별했다고 강조하는 것은 뒤집어 생각하면 당시 주몽의 세력이 그다지 강하지 않았다는 이야기일 수도 있어. 일부러 실제보다 더 센 척을 한 것 같다는 말이지.

사실 고구려는 나라가 처음 세워질 때 다섯 개의 부족으로 나뉘어져 있었어. 왕이 나라 전체를 다스린 게 아니라 부족장 다섯이 각자 자기 집단을 다스린 거야. 만일 정말 강력한 힘을 가진 왕이었다면 자기가 직접 나라 전체를 다스리지 않았을까?

두 번째 암호!

금와왕은 유화가 낳은 알을 갖다 버렸지? 어릴 적 주몽은 왕자들의 시기와 질투로 힘든 시간을 보내기도 했고. 부여에서 도망쳐서 강을 건널 때에도 큰 고비가 있었잖아. 물론 슈퍼맨처럼 모든 위기를 다 이겨 내긴 했지만 말이야.

이 위기들은 무엇을 의미할까? 아무래도 주몽이 나라를 세우는 과정이 쉽지 않았던 듯해. 앞서 단군의 이야기와 비교해 봐. 주몽은 그토록 고생한 반면, 환웅은 그냥 무리를 이끌고 와서 다스렸다고 했을 뿐이야.

하지만 그 험난한 과정을 다 이기고 나라를 세웠다는 것은 그만큼 주몽의 능력이 탁월했다는 뜻이라고도 볼 수 있겠다.

자, 마지막 암호도 살펴볼까?

부여에서 탈출하는 데 성공한 주몽은 재사, 무골, 묵거라는 사람들을 만나 새 나라를 세워. 주몽 역시 단군처럼 그 땅에 본래 살던 사람들과 힘을 합쳐 나라를 세운 것이지.

다른 기록을 보면 주몽이 새로운 땅에 도착했을 때 거기에 큰 세력이 있었다고 해. 그에게는 소서노라는 딸이 있었지. 주몽은 고구려를 세울 때 소서노의 도움을 많이 받았고, 나라를 세운 뒤에는 소서노를 왕비로 맞이하기까지 했어.

주몽이 스물둘이라는 젊은 나이에 낯선 땅에서 나라를 세울 수 있었던 데에는 소서노와 그 아버지의 도움이 적지 않았을 거야.

◆ ◆ ◆

온갖 어려움을 헤치고 고구려를 세운 주몽은 가까이 있던 비류국˚의 항복을 받아 낸 것을 시작으로 북옥저˚, 행인국˚ 등을 차례로 정복하며 나라를 키

비류국 기원전 1세기 무렵에 있었던 부족 국가의 하나
북옥저 옥저의 북쪽에 있던 나라
행인국 백두산 남동쪽에 있던 나라

워 갔어.

또 졸본성에 돌성을 쌓아 한 나라의 도읍으로서 모양새도 갖췄지.

이렇게 고구려가 차츰 나라의 기틀을 잡아 가고 있을 무렵, 오래전 부여에 두고 온 아내 예씨와 아들 유리가 주몽을 찾아왔어. 주몽이 부여에서 도망쳐 나올 때 예씨는 임신한 몸이라 같이 오지 못했거든. 주몽은 오랫동안 헤어져 있었던 아들 유리를 반기며 태자˚로 삼아 왕위를 잇게 했어. 그리고 주몽은 마흔 살에 세상을 떠났어.

태자 임금의 자리를 이을 임금의 아들

복습하는 인물 연표	기원전 58년	기원전 37년	?	기원전 19년	같은 해
	유화 부인의 아들 주몽이 알에서 태어났다.	주몽이 졸본 지역에 고구려를 세웠다.	주몽이 소서노를 왕비로 맞았다.	주몽이 예씨 부인 사이에서 낳은 아들 유리를 태자로 삼았다.	주몽이 40세의 나이로 세상을 떠났다.

주몽이 살았던 부여라는 나라

주몽이 태어나서 자랐던 부여는 어떤 나라일까? 부여는 만주 지역 쑹화 강 유역에 있던 나라로, 약 600년 동안 역사를 이어 갔어. 넓은 평야 지역에 위치해 있어 농사짓기 적당했을 뿐 아니라 가축을 기르기에도 좋았지. 재미있는 것은 왕 아래 족장들이 있었는데, 족장들의 이름에 가축의 이름이 들어갔다는 거야. 한자로 마가, 우가, 저가, 구가라고 했지만, 풀어 쓰면 말 족장, 소 족장, 돼지 족장, 개 족장……. 뭐 이렇게 돼. 좀 웃기긴 하지만 당시에 그만큼 가축이 중요했다는 뜻이야.

또 부여의 백성들은 흰옷을 즐겨 입었으며, 매해 12월 영고라는 축제를 열어 노래하고 춤추며 서로 결속을 다졌대. 고구려도 매해 10월 축제를 열었는데, 이 축제는 동맹이라고 해. 주몽이 부여 출신이라 고구려는 부여의 영향을 많이 받았던 것 같아.

부여를 세운 사람인 동명과 고구려 주몽도 서로 공통점이 있어. 알에서 태어난 동명은 어릴 적부터 활을 무척 잘 쏘았다고 해. 그러자 동명을 시샘하는 사람들이 생겨났고, 동명은 남쪽으로 도망쳐 와서 부여를 세웠지. 어, 주몽의 이야기와 거의 같네? 주몽의 이야기가 부여의 동명 이야기에서 영향을 많이 받았나 봐.

▶▶ 고구려는 처음에는 작은 나라에 불과했다. 차츰 북쪽으로는 중국, 남쪽으로는 백제·신라와 겨루며 영토를 넓혀 갔고, 약 400년 뒤에는 거대한 나라로 성장하는데…….

광개토 대왕, 동북아시아를 호령하다

주몽이 세운 고구려는 주변에 있는 부여, 옥저, 동예 등의 나라들을 정복하며 점점 큰 나라가 되었어. 고구려가 있던 곳은 압록강 주변을 비롯해 한반도의 북부 지방이었지. 한편 한반도의 남쪽으로는 서쪽 지역에 백제, 동쪽 지역에 신라, 그리고 가장 남쪽에 가야가 있었어. 이 나라들 역시 주변의 작은 나라들을 아우르고 고대 국가로 성장하고 있었고.

이제 고구려에 대해 본격적으로 알아보자. 동북아시아의 강자로 성장하고 있던 고구려가 큰 위기를 맞은 일부터 시작해 볼까?

❖❖❖

고구려 제16대 고국원왕 때였어. 중국이 고구려에 쳐들어와 고국원왕의 아버지였던 미천왕의 무덤을 파고, 고국원왕의 어머니를 비롯해 남녀 5만 명을 포로로 잡아가고 말았어.

고국원왕은 아버지의 시신을 돌려받고 어머니를 모셔 오기 위해 눈물을 머금고 중국의 신하가 되어야만 했지. 고국원왕의 고난은 여기에서 끝나지 않았어. 약 30년 뒤, 이번에는 백제의 공격을 받아 싸우는 과정에서 목숨을 잃고 말았단다.

고국원왕이 죽고, 그 뒤를 이은 건 소수림왕이야. 왕위에 올랐을 때 그의 마음은 어땠을까? 복수를 위해 아마 이를 바득바득 갈지 않았을까?

하지만 그는 당장 복수하기보다 미래를 위해 나라의 기초부터 단단히 다지기로 결심했어.

이를 위해 소수림왕은 우선 태학이라는 학교를 세워 뛰어난 인물을 많이 길러 냈고, 고구려 모든 지역에 똑같이 적용할 수 있는 법인 율령을 만들어 나라를 다스리는 기반으로 삼았지. 백성들의 마음을 하나로 모으기 위해 중국에서 불교도 받아들였고.

또 소수림왕의 뒤를 이어 왕위에 오른 고국양왕은 백제가 힘이 세어지는 것을 막기 위해 신라와 손을 잡는 등 외교에 힘썼어.

상처투성이 고구려는 소수림왕과 고국양왕의 노력으로 차츰 기운을 회복

했어.

그렇게 안정된 고구려에 새로 등장한 왕이 광개토 대왕이야. 소수림왕은 광개토 대왕의 큰아버지이고, 고국양왕은 아버지였지. 광개토 대왕 때부터 고구려는 그야말로 훨훨 나는 듯 기운이 넘쳤어.

광개토 대왕 (374~412)
고구려 제19대 임금. 18세의 나이에 왕위에 올라 북쪽으로는 요동과 만주, 남쪽으로는 한강 북쪽까지 땅을 넓히며, 고구려를 강대국으로 키워 나갔다.

광개토 대왕의 본래 이름은 '담덕'이야. 태어나면서부터 위엄이 있었으며, 남에게 구속당하는 걸 싫어했다고 역사에 기록되어 있어. 왕위에 오를 때의 나이는 불과 열여덟 살! 애걔, 지금으로 따지면 겨우 고등학생이잖아. 너무 어리다고? 걱정하지 마. 열 살이 채 못 되었던 때부터 소수림왕 곁에서 정치를 익혔고, 태자가 되어 본격적으로 왕이 되기 위해 준비한 기간만도 5년이나 되는걸. 또 옛날에 열여덟 살이면 장가를 들어 가정을 꾸리기도 했을 나이야.

겁이 없고 에너지가 넘쳤던 이 젊은 왕은 왕위에 오르자마자 이웃 나라들을 정복하기 시작했어. 왕위에 오르던 그해 7월 백제를 공격해 성 10개를 빼앗았고, 9월에는 거란을 공격해 예전에 잡혀갔던 고구려 백성 1만 명을 다시 데려왔어. 10월에는 백제 관미성을 함락시켰고. 정말 대단하지? 이처럼 당시 그의 모습은 동에 번쩍, 서에 번쩍하는 듯했어. 아니 남에 번쩍, 북에 번쩍이라고 해야 하나?

그 뒤에도 광개토 대왕은 고구려 너머 북쪽 지역을 공격해 요동과 만주를 차지했고, 남쪽의 백제도 공격해 한강 북쪽의 땅을 거의 다 빼앗았어. 오래전 중국과 백제에 품은 원한을 톡톡히 갚은 셈이지.

그런데 왜 그렇게 다른 나라를 많이 공격했냐고? 너무 난폭한 왕인 것 같다고? 광개토 대왕을 지금 우리의 눈으로 판단하면 안 돼. 오늘날 어느 나라 대통령이 저렇게 다른 나라를 공격해 댄다면 그건 말도 안 되는 일이야. 하지만 광개토 대왕이 살던 때는 서로 전쟁을 통해 영토를 넓히던 시대였어. 강한 나라가 되지 않으면 다른 나라의 침략을 받아야 했으니 힘을 길러 치열하게 싸워야만 했지.

백제와 신라도 자주 전쟁을 했지만, 특히 고구려는 북쪽의 넓은 대륙과 맞닿아 있었기 때문에 더 많은 나라들과 맞설 수밖에 없었어. 그렇게 고구려가 북쪽의 적들을 막아 주니 백제와 신라는 비교적 안정적으로 나라의 힘을 키워 갈 수 있었어.

그 무렵 고구려와 신라는 사이가 나쁘지 않았어. 고구려가 백제를 견제하기 위해 신라와 친하게 지냈거든. 신라에 왜구가 쳐들어왔을 때는 고구려가 도와서 왜구를 함께 무찌르기도 했어.

왜구가 뭐냐고? 일본의 옛 이름이 '왜'인데, 도적질을 일삼는 일본인 해적 집단을 왜구라고 해. 섬나라여서 먹을 것이 부족했던 일본은 예부터 우리나라 바닷가로 와 먹을 것과 물건을 빼앗는 일이 많았어. 앞으로 왜구라는 말이 자주 나올 테니 잘 기억해 둬. 조선 시대까지 왜구는 우리 역사 속에서 악역으로 자주 등장하거든.

광개토 대왕이 왕위에 있었던 기간은 22년인데, 그동안 성 64곳과 마을 1,400곳을 빼앗아 우리 역사상 최고로 많은 영토를 넓힌 왕으로 꼽히지. '넓은 땅을 개척한 왕'이라는 뜻의 이름처럼 광개토 대왕은 이렇게 고구려의 전성기를 열었어.

광개토 대왕이 위대했다고 평가받는 이유를 한 가지 더 말해 줄까? 바로 '영락'이라는 독자적인 연호를 썼다는 거야.

연호는 연도를 표시하는 방법을 말해. 지금은 '서기 2014년' 이런 식으로 서양식

표기를 일반적으로 쓰지만 옛날 중국에서는 황제가 즉위˚한 해를 기준으로 연도를 표시했어.

예를 들어 한나라 무제가 즉위한 해를 '건원 1년' 이런 식으로 쓴 거야. 우리나라나 일본도 이를 따라 써야 했지.

그런데 광개토 대왕은 자기만의 연호를 만들어 썼어. 이는 중국의 영향을 받지 않겠다는 의미인 동시에 자신에게 중국의 황제와 똑같은 권위가 있다는 뜻이기도 해. 당시 고구려가 중국과 힘을 견줄 만큼 강했다는 것을 보여 주지.

그럼 나라 밖이 아닌 나라 안에서 광개토 대왕의 모습은 어땠을까? 전쟁으로 늘 바빴기 때문인지 그가 나라를 어떻게 다스렸는지에 대한 기록은 별로 없어. '평양에 9개의 절을 세웠다.', '궁궐을 수리하고 새로 세웠다.' 등의 몇 마디밖에는.

그럼 이번에는 이 짧은 기록에 숨겨진 의미를 찾아보자.

즉위 임금의 자리에 오름

먼저 평양에 절을 세웠다는 말!

여기서 키 워드는 '평양'과 '절'이야. 당시 고구려의 도읍은 국내성이었는데, 국내성보다 훨씬 남쪽에 있던 평양성에 절을 세웠다니 평양을 아주 중요한 도시로 생각했나 봐.

평양은 국내성보다 남쪽에 있어 따뜻하고 살기가 좋았어. 하지만 평양을 중요하게 여겼던 것은 이 이유뿐만이 아니야. 이 무렵부터 한강 유역으로 나아가려는 뜻을 품었던 거 같아.

한강이 뭐가 좋길래? 한강 유역은 넓은 평야가 펼쳐져 있어 농사짓기 좋고, 강을 이용해 중국과 교류하기 편하다는 이점이 있어. 그래서 고구려, 백제, 신라가 모두 탐을 냈지.

장수왕은 광개토 대왕의 이러한 뜻을 따라 뒷날 아예 도읍을 평양으로 옮겼어. 또 평양을 발판으로 한강을 차지하고 한반도의 중부 지역까지 고구려의 땅으로 삼았지.

그리고 또 하나의 중요한 단어 '절'!

이 단어는 광개토 대왕이 앞서 소수림왕이 들여온 불교와 불교 정책을 잘 이어 갔음을 보여 줘.

광개토 대왕 * 45

이때부터 불교는 우리 민족의 정신을 하나로 모으는 매우 중요한 종교가 되었어.

그럼 궁궐을 수리하고 새로 세웠다는 말은 무엇을 뜻할까?

그건 바로 고구려의 안정과 번영을 짐작하게 해. 새 집을 지을 만한 여유가 생겼다는 뜻이라고 할까?

◆ ◆ ◆

광개토 대왕 시대를 지나며 고구려는 어느 나라도 함부로 넘보지 못하는 강대국이 되었고, 200년간 태평한 시대를 누렸어. 그 주인공인 광개토 대왕은 지금도 고구려의 가장 위대한 왕으로 칭송을 받고 있지.

그런데 엄마는 광개토 대왕이 칭찬받는 이유가 단지 영토를 넓혔기 때문만은 아니라고 생각해. 광개토 대왕 덕분에 고구려가 중국에 맞서는 강한 세력으로 성장해서 한반도 남쪽에 있던 다른 나라들의 방패막이가 되어 주었다는 데 더욱 큰 의미가 있지. 이 덕분에 백제와 신라, 가야는 서로 영향을 주고받으며 아직 희미하기는 하지만 서로가 하나라는 마음을 갖게 되었어.

복습하는 인물연표	374년	391년	같은 해	400년	412년	1888년
	광개토 대왕이 고국양왕의 아들로 태어났다.	광개토 대왕이 18세 되던 해에 고구려의 왕이 되었다.	백제의 성 10개를 빼앗고, 거란에 끌려간 고구려 백성들을 데려왔다.	왜구가 신라를 공격하자 광개토 대왕이 군사를 보내 신라를 도왔다.	광개토 대왕이 세상을 떠나고, 장수왕이 왕위를 이어받았다.	일본 학자가 광개토 대왕릉비의 내용을 세상에 알렸다.

눈부신 고구려 역사의 기록, 광개토 대왕릉비

광개토 대왕이 죽은 뒤 아들 장수왕은 아버지를 기리기 위해 비석을 세웠어. 이 비석은 고구려 국내성이 있던 곳인 중국 지린 성에 지금도 남아 있지. 높이가 약 6.4미터나 되어 우리나라 비석 가운데 가장 커. 이 비석 몸체 네 면에는 고구려가 세워진 이야기부터 고구려의 역사, 광개토 대왕의 업적이 1,800여 자의 글자로 새겨져 있어.

광개토 대왕이 신라 왕의 부탁으로 군사 5만 명을 이끌고 왜구를 물리친 이야기, 북쪽으로 동부여를 정복하고 서쪽으로 후연을 쳐서 요동을 차지한 이야기, 남쪽으로 한강까지 진출한 이야기 등이야.

광개토 대왕릉비는 오랜 세월 동안 이끼를 뒤집어쓴 채 버려져 있다가 사람들에게 알려진 지는 불과 130여 년밖에 되지 않았어. 세월이 흘러 지금은 알아보기 어려운 글자들도 있지만 1,700여 년 전의 역사를 알려 주는 귀하디귀한 기록이지.

▶◀ 광개토 대왕과 장수왕 시대에 고구려는 전성기를 맞았다. 그러나 내부의 권력 다툼과 외부의 침략 등으로 힘을 잃어, 고구려의 역사는 차츰 내리막길을 걷게 된다.

연개소문,
당나라로부터 한반도를 지키다

광개토 대왕이 세상을 떠나고 200여 년이 지난 642년의 어느 가을 날, 연개소문은 고구려의 도읍이었던 평양 장안성 남쪽에서 화려한 군대 행사를 열었어. 술과 음식을 푸짐하게 차려 많은 귀족들을 초대했지.

행사에는 잘 훈련받은 군사들이 나와 멋지게 행진도 했어. 휙휙, 무술 시범도 보여 주었고. 텔레비전에서 국군의 날 행사 같은 거 본 적 있지? 국군 아저씨들이 줄을 맞춰 걷기도 하고, 태권도 시범도 보여 주는 것 말이야. 이때도 그 비슷한 걸 했다고 해.

즐거운 행사가 한창 무르익었을 때야. 연개소문의 표정이 뭔가 심상치 않았어. 그는 부하들에게 몰래 신호를 보냈지. 그러자 부하들은 행사에 온 100여 명의 귀족들을 눈 깜짝할 사이에 모조리 죽여 버렸어!

또 그 길로 궁궐로 달려가 고구려 제27대 왕인 영류왕까지 죽이고는 재빨리 영류왕의 조카인 보장왕을 새로운 왕으로 세웠지. 그러나 보장왕은 허수아비 왕일 뿐이었고, 이제 고구려의 모든 권력은 연개소문의 손에 들어가게 된 거야.

왕을 죽였다면 역적 아니냐고? 그래, 그렇게 생각할 수 있어. 《삼국사기》를 쓴 고려의 역사가 김부식 역시 연개소문이 임금을 죽인 역적이며, 고구려의 멸망을 불러온 주인공이라고 비난했어.

하지만 다른 의견도 있어. 일제 강점기의 역사가 박은식은 연개소문이 올곧은 독립 정신을 지녔으며, 대외 경쟁에서도 뛰어난 능력과 용기를 보여 준 우리 역사상 최고의 인물이라고 평가했거든.

왜 그럴까? 똑같은 인물인데 누구는 역적이라고 비난하고, 누구는 우리 역사상 최고의 인물이라고 칭찬하다니……. 좀 어려울 수도 있지만 차근차근 생각해 볼까?

먼저, 연개소문이 영류왕과 귀족들을 죽인 이유부터 알아보자.

사실 연개소문은 관직에 나아갈 때부터 영류왕을 비롯한 귀족들과 사이가

역적 자기 나라나 민족을 배반한 사람

좋지 않았어.

연개소문은 20대의 나이에 동부대인 대대로가 되었는데, 이것은 나라의 동쪽 지역을 모두 책임지는 높은 관직이야. 젊은 나이에 어떻게 그렇게 높은 자리까지 올라갔냐고? 고구려에서는 아버지가 죽으면 아들이 아버지의 관직을 물려받았어. 연개소문도 마찬가지로 아버지가 죽자 관직을 물려받으려 했지.

그런데 여기에 몇몇 귀족들이 반대했어.

"연개소문은 나이가 어린 데다 성품이 포악하고 잔인하옵니다."

귀족들이 자신을 모함하자 이에 맞서 연개소문도 왕을 설득했어.

"전하, 저를 믿어 주십시오. 만일 제가 잘못하면 그때 관직을 빼앗아도 되지 않겠습니까?"

연개소문은 이렇게 어렵게 아버지의 관직을 이어받았지.

잠깐, 그런데 연개소문은 정말 포악했을까? 사실 고구려 사람들이 연개소문에 대해 쓴 기록은 오늘날 전하는 게 없어. 고구려가 멸망할 때 다 없어져 버렸거든.

김부식의 《삼국사기》에 연개소문의 이야기가 나오긴 하지만 이 책은 중국의 자료들을 많이 참고해 쓴 거야. 그런데 중국은 고구려의 적이었잖아. 당연히 연개소문에 대해서도 좋은 말을 했을 리 없어.

귀족들이 연개소문을 반대한 진짜 이유는 따로 있었어. 바로 고구려의 가장 큰 위협이었던 당나라에 대한 생각이 서로 달랐다는 것!

그 무렵 중국에서는 수나라가 멸망하고 당나라가 세워졌어. 새로 들어선 당나라는 "우리가 세계의 중심이다!"라며 주변 국가들을 정복해 나갔지. 그러다 보니 동북아시아의 강대국이었던 고구려와 당나라 사이에 팽팽한 긴장감이 감돌았어.

이 상황 속에서 고구려를 이끌던 영류왕과 귀족들은 어떻게든 당나라와의 전쟁을 피하려고 했어. 기세등등해진 당나라가 고구려에 점점 더 무리한 요구를 해 오고 있는데도 말이야.

반면 고구려의 무장 세력들은 당나라를 두려워할 게 아니라 당당하게 맞서야 한다고 주장했어. 그들은 이미 30여 년 전 수나라를 물리친 적이 있어 자신감을 갖고 있었거든. 연개소문의 집안은 이런 무장 세력들의 우두머리 격이었어.

이렇게 입장이 다르자 귀족들은 어떻게든 연개소문을 권력에서 몰아내려 했지. 게다가 젊은 연개소문은 힘과 재주가 뛰어나고 혈기 왕성하기까지 했으니 더욱 경계하지 않았을까?

　어렵게 관직에 오른 연개소문은 자신의 세력을 차근차근 키워 갔어. 또 영류왕이 당나라에 굽실거리는 정책을 펴자 계속 반대했어. 그러자 귀족들은 더 이상 참지 못하고, 급기야 연개소문을 죽이기로 한 거야. 하지만 연개소문이 누구야! 이 상황을 곧 눈치챘지.

　'당나라가 곧 침략할 것이다. 영류왕과 귀족들이 아무런 대비 없이 이처럼 나라를 다스린다면, 고구려는 큰 위기를 맞을 텐데…….'

　아마 이런 고민을 하지 않았을까? 그래서였을 거야. 왕을 비롯해 많은 귀족들을 죽인 것은.

　연개소문이 무사히 권력을 잡고 얼마 지나지 않았을 때, 신라의 김춘추가 고구려를 찾아왔어.

연개소문(?~665)
고구려의 장수. 당나라와 맞설 의지가 없었던 영류왕을 죽이고 권력을 차지한 뒤 당나라와 당당히 맞서서 한반도를 지켜 냈다.

"백제가 우리 신라에 쳐들어와 땅을 빼앗았습니다. 고구려의 군사와 말을 빌려 그 치욕을 씻고자 합니다."

이 말은 백제에 복수하려고 하니 군사와 말을 빌려 달라는 거였어.

그러나 연개소문은 순순히 도와주지 않았어. 신라가 고구려에게서 빼앗은 한강 주변 땅을 먼저 돌려주면 그때 도와주겠다고 했지. 난처해진 김춘추는 결국 포기하고 신라로 돌아갔다가 바다를 건너 당나라로 도움을 청하러 떠났어.

그런데 말야, 광개토 대왕 때는 고구려와 신라의 사이가 좋았다고 했잖아. 이때는 왜 이렇게 서먹서먹해져 버린 걸까?

고구려의 장수왕이 한강을 차지하며 한반도 남쪽으로 내려오자 백제와 신라는 이에 맞서기 위해 서로 힘을 합쳤어. 신라와 백제의 동맹, '나제 동맹'이 바로 그것이지. 두 나라는 함께 고구려를 공격해 한강을 되찾기로 했는데, 마지막에 신라의 진흥왕이 백제를 배신해. 고구려에서 되찾은 한강 유역을 신라 혼자 다 차지해 버렸거든.

그러면서 신라는 고구려, 백제와 사이가 다 안 좋아진 거야. 연개소문도 신라보다는 백제의 편을 들어준 거고. 자, 이 이야기는 나중에 신라 이야기를 하면서 더 자세히 해 줄게.

645년, 연개소문의 예상대로 당나라는 고구려를 공격했어. 그런데 고구려를 공격한 이유가 뭐였을까? 바로 왕을 죽인 연개소문을 벌주겠다는 거였어.

흥! 말도 안 되는 소리. 자기가 뭔데 남의 나라 일에 나서서 벌을 주겠다고 하는지……. 그야말로 핑계일 뿐이었어. 당나라는 연개소문이 권력을 잡기 전부터 고구려를 정복하겠다는 계획을 세웠는걸. 주변의 작은 나라들을 모두 정복하고, 이제 남은 고구려까지 손에 넣어서 거대한 제국을 만들고 싶었던 거야.

와아아! 와아아!

당나라 군사들이 고구려 땅으로 물밀 듯이 몰려왔어. 개모성을 점령하고 요동성도 빼앗았지. 그리고 안시성까지 포위했어. 안시성은 고구려 땅으로 들어가려면 반드시 거쳐야 하는 중요한 성이야.

다행히 안시성에는 양만춘이라는 뛰어난 성주가 백성들을 잘 이끌고 있었어. 아무리 당나라의 기세가 대단하다고 해도 고구려 역시 호락호락한 나라가 아닌걸. 안시성의 백성들은 5개월 동안 당나라의 공격을 훌륭히 막아 냈어. 당나라는 울분을 삼키며 후퇴했지.

그렇게 당나라가 고구려 공격에 번번이 실패하고 있을 때였어. 고구려에 도움을 청했다가 퇴짜를 맞은 김춘추가 당나라를 찾아간 거야. 그는 신라와 당나라가 힘을 합해 백제와 고구려를 공격하자고 제안했지. 당나라는 결국 신라의 손을 잡았어.

자, 한반도는 앞으로 어떻게 될까? 신라와 당나라가 결성한 나당 연합군에게 먼저 백제가 무너졌어. 그 뒤 나당 연합군은 남쪽과 북쪽에서 고구려를 공격했지. 그런데도 고구려를 이기지는 못했어. 연개소문이 직접 전투에 나서면서 오히려 당나라 군사들의 피해만 더 커졌지. 연개소문이 지키고 있는 한 고구려는 절대 무너지지 않을 것 같았어.

그런데 이게 웬일이야! 위급한 상황 중에 연개소문이 세상을 떠나고 말아. 전쟁 중에 지도자를 잃은 고구려는 커다란 위기를 맞았지.

연개소문은 세상을 떠나면서 아들들에게 이런 말을 남겼대.

"너희 형제들은 고기와 물처럼 힘을 합치고, 다투지 말아라."

하지만 연개소문을 이어 최고 권력자의 자리를 누가 차지하느냐를 두고 아들들 사이에 다툼이 일어나. 그런 가운데 큰아들은 당나라에 항복하고, 연개소문의 동생은 신라에 항복하는 일까지 벌어지지.

이 기회를 놓치지 않고 나당 연합군은 고구려를 결국 무너뜨리고 말았어.

우리 역사에서 가장 아쉬운 순간 중 하나야.

만약 김춘추가 고구려를 찾아와 도와달라고 했을 때, 연개소문이 이를 받아들였으면 어땠을까? 그래서 당나라를 우리 땅에 끌어들이지 않았다면 말이야. 그러면 만주 벌판, 고조선과 고구려의 드넓은 땅이 지금 우리 영토가 되지 않았을까?

아니면 연개소문이 조금 더 오래 살았거나, 그 아들들이 권력을 제대로 물려받았다면? 그럼 고구려가 더 버텨 낼 수 있지 않았을까?

역사란 이미 지난 일이어서 이렇게 가정하는 게 부질없는 일이긴 해. 하지만 안타까움 때문에 이런저런 생각이 자꾸 드는구나.

이제 마지막으로 한 가지만 더 생각해 보자.

고려 역사가 김부식은 연개소문을 역적이라고 했고,

일제 강점기 역사가 박은식은 우리 역사상 최고의 인물이라고 했잖아. 왜 이렇게 다른 평가를 내렸을까?

그 이유를 알려면 우선 김부식과 박은식이 어떤 시대에 살았는지 알아야 해. 김부식이 살았던 고려 시대에는 왕에 대한 충성을 중요하게 여겼어. 그런 시대에 살던 사람 입장에서는 일단 왕을 죽였다는 사실 하나만으로도 역적이라고 욕할 수 있겠지?

반면 박은식이 살았던 일제 강점기는 우리 민족이 매우 큰 어려움을 겪던 때잖아. 당나라에 맞서 고구려를 지켜 낸 연개소문처럼 일본을 막을 강한 영웅을 바라던 때라고 할 수 있지. 그래서 연개소문을 우리 역사의 영웅으로 평가할 수 있었어.

같은 인물이지만 시대의 변화에 따라 이렇게 평가가 달라질 수도 있어. 자, 그럼 21세기 대한민국을 살아가고 있는 너희는 어떻게 생각하니? 과연 연개소문은 역적이었을까, 영웅이었을까?

복습하는 인물 연표

601년경	642년	645년	660년	665년	668년
고구려 무장 집안에서 연개소문이 태어났다.	연개소문이 영류왕을 죽이고 권력을 손에 쥐었다.	당나라가 고구려를 침략했으나 안시성 싸움으로 몰아냈다.	나당 연합군이 백제를 멸망시켰다.	나당 연합군에 맞서 싸우던 중에 연개소문이 세상을 떠났다.	고구려가 나당 연합군의 공격으로 멸망했다.

발해로 이어진 고구려 부흥 운동

고구려가 나당 연합군에게 멸망한 뒤에도 고구려 백성들은 쉽게 항복하지 않았어. 고구려 땅 곳곳에서 거센 저항이 일어났지.

고연무라는 사람은 압록강 북쪽의 오골성이라는 곳에서 당나라에 맞서 싸웠어. 검모잠이라는 사람은 왕족인 안승을 고구려 왕으로 세우고, 한성에서 고구려 부흥군을 이끌었고. 검모잠과 안승의 부흥군이 크게 활약하자 다른 지역에서도 부흥군이 여럿 일어났지.

고구려 부흥 운동은 한때 내부에서 싸움이 일어나 그 기세가 한풀 꺾이기는 했지만 당나라를 끈질기게 괴롭혔어. 이러한 저항 덕분에 당나라는 고구려를 무너뜨린 뒤에도 옛 고구려 땅을 완전히 지배하지 못했지.

또 고구려 부흥 운동은 나중에 발해가 세워지는 데에 밑바탕이 되기도 했어.

> 소서노의 아들인 비류와 온조는 고구려를 떠나 남쪽으로 내려왔다. 그들은 이곳에서 새로운 나라를 세우려는 꿈을 품고 있었다.

온조, 한반도 남쪽에 백제를 세우다

퀴즈! 앞에 나온 고조선과 부여, 고구려, 이 나라들의 위치는 어디였지? 그래, 다 한반도 북쪽에 있던 나라들이야. 그렇다면 그 무렵 한반도 남쪽에는 어떤 나라들이 있었을까?

사실 한반도 남쪽은 북쪽보다 날씨가 따뜻하고 강이 많아서 사람이 살기 더 좋았어. 그래서 작은 나라들이 아주 많이 생겨났지. 작은 나라들은 크게 마한, 진한, 변한으로 나뉘었는데, 이들을 모두 아울러 삼한이라고 불렀어.

마한은 오늘날의 경기도, 전라도, 충청도 지역에 있던 나라들을 말해. 진한은 경상북도의 대구, 경주 가까이에 있었고, 변한은 경상남도의 김해, 마산 근처에 있었지.

이제 우리는 백제와 백제를 세운 온조에 대해 알아볼 텐데 말이야, 사실 백제는 마한에 있던 작은 나라들 가운데 하나일 뿐이었어. 작은 나라였던 백제가 어떻게 마한 지역 전체를 차지할 수 있었을까? 이를 알아보기 위해 먼저 온조가 백제를 세우는 과정부터 살펴보자.

온조의 이야기는 고구려의 주몽에서 시작돼.

부여에서 도망친 주몽이 어느 세력가의 도움을 받아 고구려를 세운 다음, 그 세력가의 딸 소서노와 혼인했다는 이야기, 기억나니? 소서노에게는 이전 남편과의 사이에 비류와 온조라는 아들이 있었어.

주몽 역시 부여에 있을 때 이미 혼인한 몸이었어. 고구려가 자리를 잡아 가던 어느 날, 예전의 아내와 아들 유리가 주몽을 찾아왔지. 주몽은 이들을 다시 만난 것을 무척 기뻐하며 큰아들 유리를 태자로 삼았어.

한편 소서노와 비류, 온조는 어땠을까? 좀 섭섭하지 않았을까? 주몽이 고구려를 세우는 데 소서노가 큰 도움을 주었는데, 이제 와 찬밥 신세가 되다니! 또 유리가 왕이 되면 혹시 자신들을 죽여 버리지 않을까 걱정도 되었어.

결국 비류와 온조는 고구려를 떠나기로 해. 무리를 이끌고 남쪽으로 가서 차라리 새로운 나라를 세우기로 한 거야.

그렇게 한강 유역 위례성으로 간 이들은 산에 올라 사방을 둘러보았어.

"여기에 나라를 세우는 것이 좋겠습니다."

신하들이 말했고, 온조도 고개를 끄덕였어. 그러나 비류는 달랐어. 비류는 오늘날 인천인 미추홀로 가겠다며 자신을 따르는 무리를 이끌고 다시 떠났지.

혼자 남은 온조는 열 명의 신하를 거느리고 위례성에 나라를 세웠어. 처음에 온조는 나라의 이름을 '십제'라고 했어. '열 명의 신하가 따른다.'는 뜻이지.

비류도 나라를 세웠을까? 그래, 비류는 자기 뜻대로 바닷가에 나라를 세웠어. 하지만 물이 짜고 땅은 농사짓기에 알맞지 않아 고생만 하다가 그만 죽고 말았지.

비류를 따르던 신하와 백성들은 다시 위례성으로 돌아왔고, 온조는 이들을 따뜻하게 맞아 주었어. 이때 나라 이름도 '백제'라고 고쳤어. '백 명의 신하가 따른다.'는 뜻이냐고? 뭐 그런 뜻도 숨어 있긴 하겠지만, 이 말은 '많은 백성들이 즐겁게 따랐다.'는 뜻이래.

◆ ◆ ◆

백제의 건국 이야기에도 다른 신화들처럼 암호가 들어 있어. 함께 풀어 볼까? 이미 눈치챘는지 모르겠지만,

온조(?~28)
백제의 건국자. 소서노의 둘째 아들로, 주몽의 아들 유리에게 왕위를 빼앗기자 남쪽으로 내려와 한강 근처 위례성에 백제를 세웠다.

이 이야기는 다른 신화들보다 뻥이 좀 약해. 온조가 하늘의 아들이라는 둥 알에서 태어났다는 둥 하는 말이 없잖아. 왜 그럴까?

첫 번째 암호! ☝️ 온조가 주몽의 아들이라는 것만으로도 충분히 왕의 자격이 있었기 때문일 거야. 왕의 아들이니까.

두 번째 암호! ✌️

온조는 신하들을 이끌고 내려오다 도읍으로 삼기 적당한 지역을 골라 나라를 세웠어. 이를 보면 비록 유리에게 밀려 고구려를 떠나긴 했지만, 큰 어려움 없이 백제를 세운 것 같지?

아마 이때도 소서노의 도움이 있지 않았을까 싶어. 주몽을 도와 고구려를 세웠던 소서노가 아들 온조가 새로운 나라를 세운다는데 그저 가만히 있지는 않았을 테니까.

마지막 암호! ✌️

온조는 나라를 세울 곳을 정할 때 신하들의 의견을 따랐고, 비류의 백성들이 그를 찾아왔을 때에도 따뜻하게 맞아들였어.

온조가 다른 사람의 말을 잘 들을 줄 알고, 성품이 따뜻한 왕이었음을 짐작할 수 있지.

 자, 이제 온조가 그 뒤 백제를 어떻게 다스렸는지 알아보자.

온조는 왕위에 오른 첫 해에 동명왕을 모시는 사당을 세우고, 자신의 성을 부여씨라고 했어.

동명왕 기억나니? 부여를 세운 사람 말이야. 온조는 자신들의 뿌리가 고구려가 아닌 부여에 있음을 세상에 널리 알리고 싶었던 거야. 그 무렵만 해도 부여는 크고 강한 나라였거든. 또 자기에게 왕위를 물려주지 않은 고구려에 대한 배신감, 그런 것도 있었겠지?

나라를 세운 다음 해, 온조는 신하들에게 말했어.

"우리 북쪽의 말갈°은 용맹스러우며 속임수가 많으니, 마땅히 군사를 정비하고 식량을 준비해 그들을 막을 방법을 찾아야 할 것이다."

온조의 예상대로 얼마 뒤 진짜 말갈이 쳐들어왔어. 물론 백제는 단단히 준비를 해 놓았으니 가뿐히 물리쳤지. 이때 돌아간 말갈의 군사는 열에 한두 명 정도뿐이었다니 완벽한 승리였어.

와! 막 나라를 세운 새내기 왕의 실력이 보통이 아니네.

그러나 5년쯤 지났을 때인가 말갈의 무리 3,000명이 백제 위례성을 포위하는 일이 또 일어났어. 이때 백제는 바로 싸우지 않고 성문을 닫고 버티는 작전을 썼지. 열흘 정도 지나 먹을 양식이 떨어지자 말갈은 지쳐 결국 후퇴하고

말갈 중국 수나라 · 당나라 때에 한반도 북부에 살던 민족

말아. 이때 **짜잔!** 온조가 직접 날랜 군사를 거느리고 그 뒤를 공격해 또 한 번 크게 이겼단다.

이렇게 적들이 자꾸 침입해 오자 백제는 성을 쌓고 울타리를 세워 방어에 더욱 힘썼어. 그러자 이번에는 동쪽 나라 낙랑˚의 태수가 항의를 하는 거야. 낙랑과 한집안처럼 친하게 지내다가 왜 울타리를 만드느냐고, 혹시 자기네 땅을 빼앗으려는 거 아니냐고 말이야.

낙랑도 백제가 더는 호락호락한 상대가 아님을 눈치챘던 걸까? 하지만 온조는 두려워하지 않았어.

"성을 쌓아서 나라를 지키는 일은 예나 지금이나 떳떳한 일인데, 이런 일로 낙랑이 군사를 보낸다면 우리도 이에 대비할 뿐이오."

어디 쳐들어오려면 와 봐라 하는 당당함이 팍팍 느껴지지 않니?

그런데도 말갈과 낙랑이 계속 귀찮게 해 편할 날이 없자 결국 온조는 한강 남쪽으로 도읍을 옮기고 다시 성을 세웠어. 도읍을 옮긴 뒤에도 말갈과 낙랑의 공격은 계속됐지만, 이에 맞서 백제도 힘을 점점 키워 나갔지.

남쪽으로 옮겨 온 백제가 다시 울타리를 세워 나라의 경계를 분명히 하려 하자 이번에는 마한의 왕이 반발했어.

"처음에 발붙일 곳이 없기에 땅을 내주었는데, 이제 나라가 튼튼해지고 백성들이 모여드니 우리 땅을 침범하려는 것이오? 이것이 어찌 의리라고 할 수 있겠소?"

낙랑 고조선 때 중국 한나라가 우리 땅에 설치한 행정 구역 가운데 하나

온조는 이번에는 어쩔 수 없이 울타리를 허물었어. 강대국 마한에 맞서기에 아직은 백제의 힘이 약하다고 판단했기 때문이었지. 이때 온조는 자존심이 상했던 것 같아. 이듬해 백제가 마한과 진한을 무너뜨릴 생각을 하게 되었다고 역사에 기록되어 있네.

사실 이 무렵 마한은 점점 약해지고 있었거든. 백제나 신라, 변한 등에 밀리고 있었던 거야. 온조는 이를 정확히 판단하고 다른 나라가 선수 치기 전에 마한을 차지하기로 결심했던 거고.

얼마 뒤 온조는 사냥을 핑계 삼아 많은 군사들을 마한 지역으로 보낸 뒤 갑자기 공격해 항복을 받아 냈어. 그렇게 마한을 쓰러뜨리고 한반도 서남쪽을 다 차지한 다음, 비로소 백제의 기틀을 갖추었지.

◈ ◈ ◈

큰 나라로 성장하기 위해 많은 전쟁을 치르던 시대, 온조는 이처럼 적에게 강하게 맞서기도 하고, 때로는 한발 물러서기도 하면서 백제라는 나라를 키워 갔어.

또 그런 단호함과는 달리 나라 안에서는 농사짓기와 누에치기를 권장하고, 전쟁 같은 급한 일이 아니면 백성들을 불러다 일을 시키지 말라는 명령을 내린 마음 좋은 왕이기도 했고.

백제 건국의 주인공인 온조는 왕위에 오른 지 46년째 되던 해인 서기 28년, 세상을 떠나. 그리고 그의 큰아들이 왕위를 이어받았지.

복습하는 인물 연표	?	기원전 18년	기원전 16년	9년	28년
	온조와 비류 형제가 고구려를 떠나 위례성과 미추홀에 각각 나라를 세웠다.	비류가 숨진 뒤 온조는 그 백성들까지 맞아들이고는 나라 이름을 백제라 지었다.	백제군이 말갈을 크게 물리쳤다.	마한을 공격해 쓰러뜨림으로써 백제의 영토를 넓혔다.	백제를 다스린 지 46년째 되던 해에 온조가 숨졌다.

아직 밝혀지지 않은 위례성의 위치

온조가 처음 백제를 세운 위례성은 오늘날 어느 지역일까?

《삼국사기》에는 위례성이 있던 땅이 "북쪽에 큰 물이 흐르고, 동쪽에 높은 산이 있으며, 남쪽은 기름진 땅을 바라보고, 서쪽은 큰 바다로 막혀 있다."고 기록되어 있어. 그런데 그런 곳이 어디 한두 곳이야? 우리나라에 산과 강이 얼마나 많은데 말이야.

위례성이 어디일까에 대해서는 여러 주장이 있었어. 조선 시대까지는 충청남도 천안시 위례산의 위례산성이라고 생각했고, 그 뒤에 서울 북한산 기슭이라는 주장도 나왔지.

그러다 1970년대와 1980년대 서울 송파구에 있는 몽촌토성과 1997년 같은 곳의 풍납토성에서 백제 초기의 유물들이 발견되면서 이곳이 유력한 후보지로 떠오르게 돼.

그렇다고 문제가 다 해결된 것은 아니야. 몽촌토성과 풍납토성이 백제의 성이었던 것은 맞는 듯한데, 백제가 초기에 도읍을 몇 번 옮겼기 때문에 그중 어떤 것인지는 아직 확신하기 어렵거든.

이처럼 백제의 역사는 온조가 처음 나라를 세운 곳이 어디인지조차 정확히 알 수 없을 만큼 아직도 밝혀지지 않은 부분이 많아.

◀◀ 🔘🔘 백제는 한강 근처에서 시작해 충청도, 전라도 지역으로 영역을 넓혀 갔다.
그리고 나라를 세운 지 400년 정도 흘렀을 때 마침내 전성기를 맞는다.

근초고왕,
백제의 전성기를 화려하게 꽃피우다

온조가 한강 유역에 백제를 세운 것은 정말 탁월한 선택이었어. 왜냐고? 백제가 자리 잡은 곳은 넓은 평야와 물이 가까이 있어 무엇보다 농사짓기 좋았어. 강줄기를 따라 물자를 실어 나르기에도 편리했고, 서해에 맞닿아 있어 바다를 통해 중국의 발전된 문화를 받아들이기에도 유리했지.

덕분에 백제는 고구려나 신라보다 빨리 발전할 수 있었고, 4세기 중반 근초고왕 때 가장 전성기를 누렸어. 고구려에 광개토 대왕이 있다면, 백제에는 근초고왕이 있다고 할 수 있지.

자, 그럼 백제 제13대 왕인 근초고왕에 대한 이야기를 해 볼까?

근초고왕의 원래 이름은 '여구'야. '여'가 성이고 '구'가 이름이지. 그에 대한 기록을 보면, '비류왕의 둘째 아들이다. 몸집이 크고 외모가 기이하게 생겼다.'라고 전하고 있어. 기이하다는 말은 특이하다는 말인데……. 아마 아주 잘생겼든가 반대로 못생겼든가 하여튼 평범한 외모는 아니었던 모양이야.

근초고왕이라는 이름은 백제 제5대 왕 초고왕의 이름에서 딴 거야. 초고왕의 혈통을 잇는다는 뜻이지. 초고왕은 백제를 세운 온조의 자손이지만, 초고왕 다음부터 백제에서는 온조의 자손이 아닌 비류의 자손이 왕위를 이었어. 그러다 근초고왕의 아버지 때에 다시 온조 혈통이 왕권을 잡았지. 근초고왕은 자기가 온조의 혈통이라는 걸 내세우고 싶었던 거 같아.

참, 여기서 비밀 하나 말해 줄까? 엄마는 어릴 적 근초고왕에 대한 아주 아픈 기억을 갖고 있는데……. 글쎄 '근초고왕'인지 '근고초왕'인지, 이름이 너무 헷갈려서 어느 날 시험에 '근고초왕'이라고 썼다가 틀리고 말았지 뭐야. 너무 아까웠어.

갑자기 너도 헷갈린다고? 그럼 안 되는데……. 이렇게 생각하자. 근초고왕은 백제를 매우 부강하게 만들었어. 그러니 이름에 '고초', 그러니까 '고난'이라는 뜻이 있으면 안 어울리지. 이제 됐지? '고초'가 아니라 '초고'! '초고왕'에서 비롯된 이름, '근초고왕'을 잊지 마.

근초고왕은 왕위를 다투던 다른 혈통을 완전히 누르고 강력한 힘을 마련했어. 그리하여 그 뒤로는 그의 후손들만 왕위를 이어받았지.

이렇게 왕위 싸움을 끝낸 근초고왕은 이제 나라 안의 힘을 하나로 모아 나라 밖으로 눈을 돌릴 수 있었어.

그는 가장 먼저 남쪽으로 영토를 넓히기로 했어. 아무래도 북쪽에는 강한 고구려가 있으니까 그랬겠지? 백제는 마지막까지 버티고 있던 마한의 작은 나라들을 정복해 오늘날 전라남도까지 그 세력을 넓혔어.

마한에 속한 작은 나라였던 백제가 이제 마한에 있는 모든 나라들을 아우르는 대장이 된 거야!

마한이 다스렸던 지금의 전라도 땅에는 넓은 평야가 많아 농사짓기에 좋았지. 그 땅을 차지하자 백제 백성들의 살림살이가 더욱 넉넉해지고 나라도 부강해졌어. 그러한 부유함을 바탕으로 백제는 아름다운 문화를 발전시켜 나갔어.

근초고왕(?~375)
백제 제13대 임금. 백제 최고의 전성기를 열었다. 전라남도까지 영토를 넓히고 고구려와 싸워 이겼으며, 일본과 중국 요서 지방까지 영향력을 떨치기도 했다.

백제는 그 뒤 가야에 속한 작은 나라들을 공격해 남해까지 세력을 넓혔어. 이때 왜의 군사들을 데려다 백제의 용병으로 쓰기도 했대.

근초고왕 무렵 백제는 일본, 즉 왜와 활발하게 교류했어. 그 증거로 '칠지도'라는 칼이 남아 있지. 근초고왕이 왜왕에게 준 것으로 알려져 있는 이 칼에는 다음과 같은 글귀가 새겨져 있어.

"무쇠를 백번이나 두드려 칠지도를 만든다. 이 칼은 재앙을 피할 수 있으므로 제후 왕에게 준다. 앞선 시대에 아무도 이런 신성한 칼을 가진 적이 없는데 백제 왕 때 기이하게 이 칼을 얻게 되어 왜왕에게 하사하니 후세에 길이 보전하라."

윗사람이 아랫사람에게 주는 내용 같지? 맞아. 당시 백제는 왜에게 그런 영향력을 가진 강대국이었어.

그런데 오늘날 일본은 다른 주장을 하고 있어. 백제 왕이 반대로 자기네 왕에게 바쳤다는 거야. 땅속에 잠든 근초고왕이 들으면 분통이 터져 벌떡 일어날 일이지.

근초고왕 당시 백제는 지금 우리가 알고 있는 것보다 훨씬 큰 나라였을 수도

있어. 중국 역사책을 보면 당시 백제가 요서 지역에 영토를 가지고 있었다는 기록이 있거든.

오른쪽 지도 한번 볼래? 요서 지역이라 하면 고구려의 서쪽이야. 지금의 중국 땅이지. 찾았니? 이 지역은 백제에서는 바다를 건너야 갈 수 있는 먼 곳이야. 그런데 백제가 그곳에 영토를 갖고 있었다니!

백제는 요서로, 일본으로 세력을 힘차게 뻗어 나갔다고!

어느 나라보다 바다를 잘 이용했거든!

물론 중국 역사책에 나오는 이 기록이 사실이냐 아니냐에 대해서는 아직 학자들 사이에서도 의견이 갈려.

"그 지역이 백제 땅이라면 우리나라에도 기록이 전하지 않았겠는가? 우리 역사에 한마디도 전하지 않는 사실을 그대로 믿을 수는 없다. 일단, 백제에서 너무 멀리 떨어져 있어 백제 땅이었을 가능성이 낮다."

이렇게 주장하는 학자들이 있지만 다른 의견도 있어,

"백제의 기록은 남아 있는 것이 거의 없다. 분명 중국의 기록에, 그것도 두

용병 봉급을 받고 군사의 임무를 맡는 병사

번씩이나 쓰여 있는 내용인데, 우리에게 남은 자료가 없다고 사실이 아니라고 할 수는 없다. 근초고왕 때는 일본과 왕래할 만큼 바다를 잘 이용했는데, 요서 지역이라고 진출하지 못했을 까닭이 없다."

이렇게 주장하는 학자들도 있어.

어떤 말이 맞는지는 더 연구해 봐야 할 거야. 그런데 엄마 생각에는 그 지역이 백제의 영토라고 분명하게 말할 수는 없더라도, 적어도 백제의 영향권 아래 있었던 거는 맞는 거 같아. 한반도 중남부 지역의 최강자로 떠오른 근초고왕에게는 그만한 힘이 충분히 있었거든.

그러나 이렇게 잘나가던 백제에게도 두려운 대상이 있었어. 바로 고구려! 지금부터 백제의 근초고왕 대 고구려 고국원왕의 흥미진진한 세 번의 전쟁 이야기를 해 줄게.

그 첫 번째 전쟁! 369년 고구려의 고국원왕이 2만 명의 군사를 이끌고 백제를 공격해 왔어. 그러자 백제의 근초고왕은 태자인 아들을 불렀지.

"군사를 이끌고 가서 고구려 군사를 물리쳐라."

나중에 근구수왕이 되는 태자는 군사들을 거느리고 샛길로 몰래 달려가 고구려군을 기습 공격했어. 예상치 못한 공격에 고구려군은 후퇴했고, 태자는 5,000명이나 되는 고구려 포로를 잡아 돌아왔지. 왕의 작전이었는지 태자의 작전이었는지 모르겠지만 어쨌든 고구려에 당당히 맞서 이긴 거야. 이렇게 백제의 1승.

두 번째 전쟁! 2년 뒤 고국원왕이 백제에 또 쳐들어왔어. 강의 상류에 몰래 숨어 있던 백제군은 고구려군이 오기를 기다렸다가 이번에도 기습 공격했지. 또다시 백제의 승.

근초고왕은 계속 쳐들어오는 고구려에 화가 나기도 했고, 또 두 번의 전투에서 모두 이긴 터라 자신감도 생겼어. 고구려가 중국과 전쟁을 치르느라 매우 지쳐 있다는 것도 눈치챘고.

"고구려가 백제를 다시는 쳐들어오지 못하도록 해야겠다."

근초고왕은 두 번째 전쟁이 일어났던 그해 겨울, 태자를 비롯해 날쌘 군사 1만 명을 거느리고 직접 고구려의 평양성을 공격했어. 그러니까 세 번째 전쟁은 백제의 공격으로 시작된 거야.

고구려 고국원왕과의 정면 승부! 이 전투에서 근초고왕은 결국 평양성을 무너뜨리지 못했지만, 고국원왕의 목숨을 빼앗는 큰 승리를 거두었지. 결국 백제의 3전 전승!

제아무리 강한 고구려라고 해도 이 무렵에는 분명 백제가 고구려를 앞서고 있었어. 얼마 안 있어 고구려에 광개토 대왕이라는 걸출한 왕이 나타나 힘이 역전되기는 하지만 말이야.

고구려까지 이긴 자신감을 바탕으로 근초고왕은 명령을 내렸어.

"백제의 역사를 기록하라!"

자신의 업적과 백제의 영광을 후세에 영원히 전하고 싶었던 거지. 하지만 안타깝게도 지금은 그 기록이 남아 있지 않아.

당시 앞선 문화를 자랑하던 동진이라는 나라와 왕래하고, 일본에 백제 문화를 전파한 근초고왕! 그는 백제의 위대한 왕이었을 뿐 아니라 중국과 일본에까지 영향력을 미친 중요한 인물이야.

복습하는 인물 연표	346년	369년	371년	?	375년
	근초고왕이 백제 제13대 임금이 되었다.	백제가 마한을 공격해 한반도 남쪽까지 세력을 넓혔다.	근초고왕이 평양성을 공격하여 고구려 고국원왕이 전사했다.	근초고왕의 지시에 따라 백제의 역사책 《서기》를 펴냈다.	근초고왕이 숨지고, 아들 근구수왕이 왕위를 이어받았다.

일본 문화의 스승이 된 백제 사람

백제는 중국, 일본과 활발하게 교류하며 백제의 문화를 발전시켰을 뿐 아니라 일본의 문화 발전에도 많은 영향을 미쳤어. 일본 문화의 스승이 된 왕인의 이야기를 들어 볼래?

일본 역사책을 살펴보면, 백제가 좋은 말 2필을 일본 왕에게 선물했다고 해. 선물을 전한 사람은 아직기로, 그 뒤 일본에서 이 말을 돌보며 살았지. 아직기는 유교 경전도 읽어서 일본 태자의 스승이 되기도 했어. 일본의 왕이 아직기에게 물었어.

"혹시 너보다 뛰어난 사람이 또 있느냐?"

"왕인이라는 사람이 있는데, 아주 뛰어납니다."

이렇게 왕인은 일본 태자의 스승이 되었고, 태자는 학문을 훤히 깨쳤대. 다른 일본 기록에는 왕인이 《논어》 10권과 《천자문》 1권을 갖고 와 학문을 가르쳤다고도 해.

그런데 어쩐 일인지 우리 역사에서는 왕인에 대한 기록을 찾아볼 수 없어. 왕인이 태어났다고 하는 전라도 영암 지방에 전설만이 전할 뿐이지. 왕인이 백제로 돌아오지 않고 일본에서 세상을 떠났기 때문에 그런 거 같기는 해.

이처럼 왕인은 수수께끼에 싸여 있는 인물이지만, 일본에서 한때 '문학의 시조'로 추앙받기도 했던 것을 보면 백제 사람으로 일본에 우수한 문화를 전했음은 분명해 보여.

> 신라가 당나라와 손을 잡으면서 고구려와 백제는 멸망하게 된다. 백제에서는 계백과 같은 이들이 나라를 구하려고 안간힘을 썼지만 끝내 돌이킬 수는 없었다.

계백,
백제의 마지막 운명을 위해 목숨을 바치다

근초고왕 때 전성기를 누리던 백제는 고구려에 광개토 대왕과 장수왕이 등장하면서 그 기세가 한풀 꺾이고 말아. 나라 발전에 원동력이 된 한강 유역까지 고구려에 빼앗기고는 도읍을 남쪽의 웅진˚으로 옮겨야 했지.

화가 난 백제는 신라와 힘을 합쳐 고구려에 맞섰고 한강을 되찾았지만, 여기서 시련이 다 끝난 건 아니었어. 이번에는 신라 진흥왕이 백제를 배신하고 한강 유역을 모두 차지해 버렸거든. 신라에게 복수하기 위해 벌인 전쟁에서는 백제의 성왕마저 목숨을 잃었고.

삼국의 힘겨루기가 참 치열했지? 하지만 그 싸움도 점차 끝을 향해 달려가

웅진 백제의 두 번째 도읍으로, 지금의 공주

고 있었어. 이제 백제의 멸망에 대해 이야기해 보자. 백제의 마지막 순간을 더욱 비장하게 만든 한 장군에 대한 이야기를 해 볼게.

◆ ◆ ◆

백제의 마지막 왕은 의자왕이야. 의자왕은 성왕이 신라와 싸우다 숨지자 복수하기 위해 신라를 매섭게 공격했어. 그 결과 대야성을 비롯해 신라의 성 40여 개를 빼앗았지.

궁지에 몰린 신라는 당나라에 손을 내밀었어. 백제와 고구려를 함께 공격하자고 말이야. 그렇지 않아도 고구려를 호시탐탐 노리고 있던 당나라는 신라의 제의를 받아들이고는 일단 백제부터 함께 공격하기로 했지.

660년 결전의 그날! 김유신이 이끄는 신라군 5만 명은 육지 길로, 소정방이 이끄는 당나라군 13만 명은 바닷길을 통해 백제로 향했어. 이 소식을 들은 백제 의자왕은 깜짝 놀라 신하들을 불러 급히 회의를 열었지.

"당나라군은 먼 바다를 건너느라 분명 피곤할 것입니다. 그들이 육지에 내려 아직 기운을 차리지 못하고 있을 때 공격하면 우리가 이길 수 있습니다. 그러면 신라군도 더 이상 공격하지 못할 것입니다."

"아닙니다. 신라군은 우리에게 여러 번 졌으므로 우리를 두려워할 것입니다. 먼저 신라군을 공격하고 함께 힘을 모아 나중에 당나라군을 공격해야 승리할 것입니다."

신하들의 의견이 서로 달라 우물쭈물하는 사이, 신라군과 당나라군은 백

제의 코앞까지 도착하고 말았어.

다급해진 의자왕은 계백 장군을 불렀어. 계백이라니, 성이 계씨냐고? 계백이 이름이고, 성은 왕족의 성인 부여씨였을 거라고 하는데 확실하지는 않아. 언제 태어났는지도 전하지 않고……. 하지만 당시 백제에서 가장 용맹하고 믿을 만한 장군이었던 것은 분명해.

"결사대 5,000명을 이끌고 황산으로 나아가 신라군을 막으라."

의자왕은 계백에게 명령했지. 신라군은 5만 명인데 계백의 결사대는 겨우 5,000명뿐! 백제군 한 명이 열 명의 적을 막아야 하는 싸움이었어. 또 그 뒤에는 13만 명의 당나라군까지 있으니!

질 것이 뻔한 싸움이었지만 물러설 수도 없었어. 죽음을 각오하고 나서지 않으면 나라가 망하는 거니까. 700년 가까이 이어 온 백제의 운명이 자신의 두 어깨에 달려 있다는 생각에 계백은 아마 잠을 이루지 못했을 거야.

전투에 나서기 전 계백은 가족들을 불러 모아 이렇게 말했대.

"나라가 멸망할지 알 수 없다. 내 가족이 적들에게 잡혀가 치욕을 당하느니 내 손에 죽는 것이 낫다."

기록에는 그가 이렇게 말한 뒤 가족들을 다 죽였다고 적혀 있어.

마음 깊은 곳에서 도저히 이길 수 없는 싸움이라는 것을 알고 있었던 것 같지? 그래서 가족들이 치욕과 고통을 겪지 않게 해 주고 싶었나 봐. 한편으로는 이제 돌볼 가족도 없으니 죽음을 두려워하지 않고 적들과 맞서겠다는 비장한 다짐을 한 거 같기도 하고.

그렇게 전투에 나선 계백은 결사대 앞에서 크게 외쳤어.

"예전에 중국에 살았던 구천이라는 사람은 5,000명의 군사로 70만 명의 군사를 쳐부수었다. 모두 죽기를 각오하고 싸우면 이길 수 있다. 최후의 승리를 이루고 나라의 은혜를 갚자."

죽음까지 각오한 백제군의 사기는 하늘을 찔렀어. 계백은 황산벌*에 진을 치고 신라군의 공격을 네 번이나 막아 냈지. 먼 길을 오느라 지친 신라군은 영 힘을 쓰지 못했어. 군사가 열 배나 많은데도 번번이 전투에 지자 신라군의 사기는 땅에 떨어졌어.

그때! 기운 빠진 신라군의 사기를 높이기 위해 열여섯 살의 관창이 나섰어.

황산벌 오늘날 충청남도 논산시 연산면 일대의 넓은 들

관창은 혼자 백제군 진영에 뛰어들었지. 어린 나이에 대단하다고? 그래, 아마 관창은 백제 장군의 목을 노렸을 거야. 잘못해서 자신이 죽더라도 신라군에게 모범이 될 거라 생각했겠지. 하지만 금방 잡히고 말아.

백제 군사들은 관창을 계백 앞으로 데리고 갔어. 계백은 비록 적이지만 어린 나이에 용기가 대단하다고 칭찬하며 신라군으로 돌려보냈지.

관창은 분했어. 신라군의 사기를 올리기는커녕 백제군의 놀림거리가 되었잖아. 관창은 물 한 모금만 마시고는 다시 백제 진영에 뛰어들었고, 또 잡히고 말았어.

결국 계백은 관창을 죽였어. 그러고는 시체를 말안장에 묶어 신라에 보내주었지. 비록 적이지만 나이 어린 소년의 죽음을 안타깝게 여긴 마음이었을

거야.

그런데 이 일이 큰 전환점이 되었어. 관창의 죽음에 대한 복수심으로 신라군의 사기가 쭉 올라간 거야. 신라는 최후의 전투에서 결국 백제를 무너뜨렸고, 계백 장군은 황산벌에서 죽음을 맞고 말았지.

그 뒤 김유신이 이끄는 신라군은 백제 사비성°으로 가서 당나라 군대와 힘을 합쳐 성을 함락시켰어. 660년, 백제 의자왕은 당나라로 끌려가 쓸쓸한 최후를 맞이했지.

김부식이 쓴 역사책 《삼국사기》는 의자왕이 처음에는 매우 훌륭한 왕이었으나 나이가 들면서 백성들을 돌보지 않고 술과 여자를 좋아하다 나라를 망하게 했다고 기록하고 있어.

그런데 여기에서 한 가지 의심을 해 볼까?

《삼국사기》는 백제 사람들의 기록이 아니야. 고려 때 쓴 역사책이지. 삼국을 통일한 게 신라이고, 그 뒤에 등장한 나라가 고려이다 보니 아무래도 이 책을 쓸 때는 신라 쪽 자료를 많이 참고했어.

그런데 신라 입장에서 백제는 적국이고, 자기들이 멸망시킨 나라잖아. 만일 좋은 나라, 잘살고 있는 나라를 멸망시켰다면 좀 그렇겠지? 의자왕이 나라를 제대로 다스리지 못했고, 백제는 망할 수밖에 없었다고 해야 신라가 한 일이 좋은 일이 되지 않겠어?

그래서 《삼국사기》에 실린 의자왕에 대한 이야기는 다 믿기 어려워. 신라

사비성 백제의 마지막 도읍인 사비(부여)에 있던 성

백제 의자왕이 술주정뱅이에 무능했다고 쓰자. 그래야 신라가 백제를 멸망시킨 게 좋은 일이 되니까!

김부식, 딸꾹! 나 의자왕에 대한 이야기를 똑바로 쓰라고! 거짓말 말고, 끄윽!

에 유리하도록 많이 과장되고 거짓말도 섞이고 했을 거야.

◆◆◆

자, 이제 계백이라는 인물에 대해서 조금 더 생각해 보자.

계백은 망해 가는 백제를 위해 자신과 가족의 목숨까지 던진 충성스런 신하였어. 따라서 역사 속에서 오래 칭찬받아 왔지. 가장 긴박한 순간 나라를 지키러 나갔으니 유능한 장군인 건 분명하지만, 그렇다고 백제를 구하지는 못했어. 그런데도 두고두고 칭찬받는 건 왜일까?

엄마 생각에는 뒷날 왕들이 그렇게 만든 게 아닐까 싶어. '백제에는 이런 충신이 있었다. 너희도 이런 충신을 본받아라.' 하는 뜻인 것 같다는 말이지. 물론 뻔히 질 싸움에 목숨을 바친다는 게 아무나 할 수 있는 일은 아니지만…….

계백이 가족들을 죽인 것은 어떻게 생각하니? 사실 오늘날 우리로서는 이해하기도, 용서하기도 힘든 일이야. 가족들을 위해서라도 죽기 살기로 전투에서 이기려고 했어야지. 또 만일 져서 나라가 망한다 해도 가족들이 어딘가 도망가서 살 수도 있는 거 아니야?

하나 더 생각해 보자. 계백이 전투에 나가기 전 가족들을 죽이며 했다는 말은 어떻게 해서 전해졌을까? 가족도, 계백도 모두 죽었는데……. 죽기 전에 다른 사람들에게 전한 걸까? 혹시 뒷날 역사가들이 계백의 비장함과 충성심을 돋보이게 하려고 꾸며 낸 말은 아닐까?

뭐? 그렇다면 역사 전체가 뻥 아니냐고? 아니, 큰일 날 소리. 역사란 사람들이 쓴 기록이니까 기록한 사람들의 의도가 들어가기 마련이야. 우리는 그걸 잘 살펴야 해. 단순히 옛 기록을 외우는 게 아니라 진짜 그런지, 숨은 의미는 없는지 탐정처럼 찾아보고 판단해야 한다는 거지. 바로 그게 역사를 공부하는 재미이기도 하고!

복습하는 인물 연표	660년	같은 해	같은 해	같은 해	그 이후
	나당 연합군이 백제를 공격했다.	계백이 5천 결사대를 꾸려 신라의 5만 대군에 맞서 싸웠다.	황산벌 전투에서 백제가 패하고, 계백은 전사했다.	의자왕이 나당 연합군에 항복하면서 백제가 멸망했다.	백제를 되살리려는 부흥 운동이 곳곳에서 일어났으나 모두 실패했다.

쓰러진 백제에 숨을 불어넣고자 했던 부흥 운동

의자왕이 나당 연합군에 항복해 당나라로 끌려가면서 백제는 멸망하고 말았어. 하지만 이걸로 다 끝난 건 아니야. 오랜 세월 백제 땅에서 살아온 백성들이 백제를 다시 일으키기 위해 곳곳에서 들고일어났거든.

백제의 왕족이었던 복신과 스님인 도침은 주류성에서 백제 부흥 운동을 이끌었어. 흑치상지라는 장군은 임존성에서 부흥군을 이끌며 당나라와 신라에 저항했고.

백제 부흥군은 한때 3만 명까지 늘어나면서 당나라로부터 200여 개나 되는 성을 되찾는 등 크게 활약했어. 그러나 당나라에서 군사들이 밀려들어 오고, 부흥군 안에서도 서로 다툼이 생기면서 결국 무너지고 말았지.

▶◀ 한반도 북쪽에 고구려, 한강 유역에 백제가 세워질 무렵 남쪽에서는 신라가 들어섰다. 천 년 왕국 신라를 세운 박혁거세는 탄생부터 남달랐으니……

박혁거세,
천 년 왕국 신라를 처음 열다

고구려와 백제를 살펴보았으니 이제 신라의 이야기를 해 볼까? 신라는 우리 역사에서 가장 오랫동안 이어진 나라야. 무려 1,000년이나 말이야. 그래서 천 년 왕국이라고도 불러. 고려와 조선의 역사를 더한 만큼 긴 세월이지.

신라는 경상도 지역에서 일어난 작은 나라인데, 어떻게 고구려와 백제를 모두 무너뜨리고 한반도의 최강자가 되었을까?

신라의 시조 박혁거세 이야기부터 시작해 볼게.

◆◆◆

아주아주 오랜 옛날, 오늘날 경주 근처에 사로국이라는 작은 나라가 있었어. 사로국은 여섯 부족이 모여 만든 나라로, 진한에 속해 있었지. 그때까지만 해도 왕이 없어서 여섯 촌장이 나라를 다스렸어.

그러던 어느 날 한 촌장이 놀라운 광경을 보게 돼. 나정이라는 우물가에 흰 말이 무릎을 꿇은 채 눈물을 뚝뚝 흘리고 있는 게 아니겠어? 촌장이 놀라 가까이 가 보니 말 앞에 커다란 알이 하나 있는 거야.

그 알에서 잘생긴 사내아이가 태어났어. 여섯 촌장은 아이의 이름을 박혁거세라고 했어. 박처럼 생긴 알에서 나왔다고 '박'이라는 성을 붙였다고도 하고, '밝은 세상'을 의미해서 '박'이란 성을 붙여 주었다고도 해. 이름 '혁거세'는 세상을 밝게 다스린다는 뜻이야.

여섯 촌장은 알에서 태어난 신기한 아이 박혁거세를 정성을 다해 길렀어. 그리고 열세 살이 되던 해 결국 그를 왕으로 받들었지.

◆◆◆

신라의 건국 신화도 뻥이 좀 심하지? 우리 함께 이야기 속에 담겨 있는 암호를 풀어 볼까?

우선 박혁거세는 알에서 태어났어. 고구려의 주몽처럼 말이야. 그런데 주몽 이야기에서는 아버지, 어머니에 대한 이야기가 나오는데, 박혁거세 이야기에는 부모님이 나오지 않네. 박혁거세를 왕으로 만든 촌장에 대한 이야기

뿐이고.

　박혁거세 이야기에서 중요한 것은 여섯 촌장이 의견을 모아 왕으로 받들었다는 부분이야. 이 밖에도 흰말이 눈물을 흘렸다는 내용이나, 그가 알에서 태어났다는 내용은 박혁거세가 왕이 될 자격이 있는 특별한 사람이라는 것을 보여 주는 장치지.

　고구려를 세운 주몽과 백제를 세운 온조는 다른 지역에서 와 나라를 세웠잖아. 하지만 이와 달리 신라의 박혁거세는 그 지역 사람들이 협의를 해서 세운 왕이야.

　사로국이 있던 지역은 당시 마한의 지배를 받고 있었어. 그런데 마한의 압박이 세지고, 근처에 있던 다른 나라들까지 세력이 커지자 여섯 명의 촌장들은 위협을 느꼈던 것 같아. 자신들도 하나의 왕 아래 힘을 뭉쳐 맞서야겠다는

박혁거세(기원전 69~기원후 4)
신라의 시조. 처음에는 여섯 촌장의 도움을 받는 상징적인 왕이었으나 점차 주변 나라들을 정복해 세력을 넓히고, 금성을 도읍으로 삼아 나라의 기틀을 닦았다.

생각을 하지 않았을까? 그래서 박혁거세라는 인물을 내세워 나라를 세운 것이지.

그러니까 신라의 왕은 처음에는 상징적인 의미의 왕이었을 거야. 실제로 정치적인 힘은 여섯 촌장이 다 갖고 있었고 말이야.

한편 신라 건국 신화에서 재미있는 것은 왕비에 대한 탄생 설화도 전한다는 거야.

알영이라는 우물가에 어느 날 용이 나타났어. 그 용은 오른쪽 갈빗대에서 여자아이를 낳았지.

좀 색다른 이야기지? 용이, 그것도 오른쪽 갈빗대로 여자아이를 낳았다는 건 우리 역사에서는 처음 나오는 이야기야. 불교의 전설 중에 석가모니가 어머니의 옆구리에서 탄생했다는 내용이 있긴 한데, 그 전설에서 영향을 받은 거 같기도 하고…….

아무튼 아이가 신기하게 태어나는 걸 한 할머니가 우연히 봐서는 그 아이를 거두었어. 소녀의 이름은 알영! 태어난 우물가의 이름을 그대로 썼어. 참 성의 없다, 그렇지? 박혁거세의 이름은 무슨 무슨 의미를 담아 지었으면서 말이야.

그런데 이 소녀에게는 문제가 하나 있었어. 입술 모양이 닭 부리 같았다는 거야. 다행히도 월성의 북쪽 냇물에 데려가 목욕시키자 부리는 떨어져 나갔어.

아이는 아름답고 착한 소녀로 성장했지. 한층 아름다워진 알영은 그 뒤 어떻게 되었을까? 그야 박혁거세의 왕비로 뽑혔지.

◈ ◈ ◈

여기에도 다른 신화들처럼 어떤 암호가 숨어 있을 거야. 정말 사람의 입이 닭 부리 같지는 않았겠지? 또 닭 부리 같은 입술을 요술처럼 바꿔 주는 냇물이 있을 리도 없지.

아마 이것은 알영한테 무슨 문제가 있었거나, 어떤 고난을 겪고 왕비가 되었다는 이야기인 것 같아. 그런 과정이 있었기에 신화로 남을 수 있었을 거고.

이제 박혁거세가 다스리던 신라에 대해 좀 더 알아볼까?

처음에 신라의 이름은 '서라벌'이었어. 나중에는 '사로'라고도 하고, '신라'

라고도 했는데, 503년 지증왕 때 '신라'라고 비로소 이름을 정했어. 신라라는 이름은 '날로 새롭게 하여 사방을 망라한다.'는 뜻이지.

박혁거세는 열세 살에 왕이 되었어. 나이가 어려서 처음부터 혼자 나라를 다스리지는 못했을 거야. 여섯 촌장의 도움을 받는 상징적인 왕이었겠지.

박혁거세가 있는 서라벌은 주변의 작은 나라들을 정복해 영토를 점차 넓혀 갔어. 왜와 낙랑의 침입을 받은 적도 있지만 박혁거세가 서른 살이 될 무렵에는 변한이 항복해 왔고, 마흔 살이 될 무렵에는 도읍인 금성에 궁궐을 지었다고 하니 차츰 나라가 안정되어 갔던 것 같아.

재미있는 기록이 또 하나 있네! 박혁거세가 왕이 되고 30년이 되던 해의 일이야.

낙랑의 군사들이 서라벌에 쳐들어왔어. 그런데 서라벌에 와서 보니까 사람들이 밤에도 문을 닫지 않고, 밖에 쌓아 둔 곡식 더미가 들판을 덮을 만큼 가득한 거야.

이것을 본 낙랑의 군사들은 이렇게 말했지.

"백성들이 서로 도둑질을 하지 않으니, 서라벌은 도덕이 있는 나라라고 할 수 있소. 그런데 우리가 몰래 군사를 끌고 와서 이들을 습격하는 것은 도둑과 다름없으니, 어찌 부끄러운 일이 아니겠소."

그러고는 모두 그냥 돌아갔다고 해.

서로 영토 전쟁을 벌이느라 정신없는 시대에 이렇게 양심적인 군사들이 있다니, 믿을 수 있겠니? 엄마 생각에는 서라벌 백성들의 삶이 안정되고, 신라군의 대비가 튼튼해서 낙랑군이 침략을 포기하고 돌아갔다는 이야기를 이런 식으로 돌려 말한 게 아닌가 싶어.

왕위에 오른 지 38년째 되던 해, 박혁거세는 마한에 외교 사절을 보냈어. 이때 마한에 간 사람은 호공이라는 신하였어.

호공이 마한에 도착하자 마한 왕은 해마다 보내기로 한 공물을 보내지 않는다고 꾸짖었어. 서라벌은 당시 마한의 영향력 아래 있었는데, 그 무렵 슬슬 말을 듣지 않았나 봐. 호공은 대답했지.

"우리나라에 두 성인이 나타나 세상일이 바로잡히고, 창고에 곡식이 차며, 변한, 낙랑, 왜까지 우리를 두려워하게 되었습니다. 그런데도 겸손한 저희 임금님은 저를 보내 인사를 하시는데, 대왕께서는 오히려 크게 화를 내며 위협하시니 이는 무슨 까닭입니까?"

여기서 두 성인은 누구일까? 바로 왕과 왕비, 그러니까 박혁거세와 알영을 말하는 거야. 참, 호공의 대답에서 어떤 느낌이 드니? 신라가 마한을 하나도 두려워하지 않는다는 걸 알 수 있겠지.

화가 난 마한 왕은 호공을 죽이려 했대. 하지만 마한의 신하들이 말려서 호공은 무사히 돌아올 수 있었어. 호공을 죽이면 뒷일이 염려스러울 만큼 이미 서라벌은 마한에게 위협적인 존재로 성장해 있었던 거야.

이렇게 성장하던 서라벌의 왕 박혁거세는 나라를 다스린 지 61년 만에 죽

어 오릉에 묻혔어. 《삼국유사》에는 박혁거세의 죽음에 대한 이야기가 전하는데, 이게 또 예사롭지 않네.

박혁거세가 죽어 하늘로 올라간 뒤 7일 만에 시체가 조각조각 나뉘어 땅으로 떨어졌대. 알영도 이 무렵 죽어서, 서라벌 사람들은 왕의 시신을 하나로 모아 왕비와 함께 장사 지내려고 했어. 그런데 이게 웬일이야? 큰 뱀이 나타나 쫓아다니며 방해하는 바람에 결국은 몸통과 팔, 다리의 다섯 부분을 따로 묻어 다섯 개의 능으로 만들었지. 이것을 오릉이라고 해.

으, 끔찍하다. 물론 이 이야기도 그대로 믿을 수는 없어. 역시 암호

해석이 필요해!

다섯 부분으로 나뉜 시체를 따로따로 묻었다는 말을 보니 박혁거세가 그냥 나이 들어 편히 죽었던 것 같지는 않아. 아마 반란이 일어나 반란군들의 손에 험하게 죽었나 봐. 장례를 치르는 것도 쉽지 않았던 듯해.

어쨌든 박혁거세가 죽자 아들인 남해가 왕위를 이었어. 남해가 반란을 진압하고 왕위를 이은 것인지, 반란을 일으킨 주인공이 남해였는지는 확실하지 않아.

남해의 뒤를 이어서는 그의 아들인 유리가 왕이 되었지. 그러나 유리 다음 신라의 네 번째 왕에는 박씨가 아니라 석씨가 올랐어. 바로 석탈해! 남해의 사위였지.

그리고 석탈해가 왕이었을 때 어느 숲 속의 황금 궤짝에서 사내아이가 나왔는데, 석탈해는 그 아이를 데려와 황금을 뜻하는 '김'을 성으로 하여 김알지라고 이름 지었어. 그리고는 하늘이 내린 아들이라고 귀하게 길렀지.

나중에 김알지의 자손도 왕이 되면서, 신라는 오랫동안 박씨, 석씨, 김씨가 돌아가면서 왕의 자리를 이어 갔어.

복습하는 인물 연표

기원전 69년	같은 날	기원전 57년	기원전 20년	4년	같은 해
박혁거세가 알에서 태어났다.	알영이 용의 갈빗대에서 태어났다.	박혁거세가 왕위에 오르며 나라 이름을 서라벌이라 지었다.	신라의 호공이 외교 사절로 마한에 갔다.	박혁거세가 죽어 오릉에 묻혔다.	박혁거세의 아들 남해가 왕위에 올랐다.

조금 더 알아볼까?

알을 깨고 나온 신라의 시조들

신라는 박씨, 석씨, 김씨가 돌아가면서 왕의 자리를 이었다고 했지? 박씨의 시조인 박혁거세는 알에서 태어났고, 김씨의 시조인 김알지는 황금 궤짝에서 태어났어. 그럼 석씨의 시조 석탈해에게도 특별한 탄생 신화가 있을까?

석탈해도 알에서 태어났다고 해. 박혁거세가 왕위에 오른 지 39년째 되던 해, 신라 앞바다에 배 한 척이 나타났어. 까치들이 몰려들어 마치 배를 안내하는 듯 보였는데, 배 안에는 많은 노비들과 상자가 하나 실려 있었어. 상자 속에는 어린아이가 들어 있었지!

상자 속에서 나온 석탈해는 본래 다른 나라 왕의 아들이었대. 왕비가 임신 7년 만에 큰 알을 낳자 왕이 불길하다며 상자에 넣어 바다에 버린 거야. '석'이라는 성은 까치라는 뜻이고, 이름인 '탈해'는 상자를 풀고 알을 벗고 나왔다는 뜻이래.

박혁거세의 아들 남해는 석탈해의 지혜를 아껴서 자신의 큰딸과 결혼시키고 왕위를 물려주려 했어. 그러나 석탈해는 남해의 아들 유리에게 양보했고, 유리가 죽은 뒤에야 왕위에 올랐지. 그렇게 예순이 넘은 나이에야 왕이 된 석탈해는 가야를 무찌르고 일본과 외교 관계를 맺는 등 나라를 잘 다스리다가 유리의 아들 파사에게 왕위를 넘겨주었어.

> 신라는 고구려, 백제에 비해 발전 속도가 더뎠다. 신라 법흥왕은 불교를 받아들여야 나라를 발전시킬 수 있다고 생각했지만 귀족들이 크게 반대해 곤경에 빠져 있었다.

이차돈,
신라의 불교를 위해 순교하다

국립 경주 박물관에 가면 백률사 석당기라는 비석이 있어. 육각기둥 모양에 높이가 1미터 정도 되는 비석인데, 여기 한 면에 그림이 새겨져 있어. 오른쪽의 비석을 한번 살펴볼래?

음, 사람의 몸체가 그려져 있는데 머리가 없네. 머리가 없는 목에서는 뭔가가 하늘로 솟구치듯이 올라가고 있고. 그러고 보니 옆에 떨어진 것이 사람의 머리야! 그리고 그 주위로는 작은 꽃봉오리들이 그려져 있어.

으, 끔찍하다. 이 그림은 대체 무엇을 뜻하는 걸까? 비석 옆면에 그 내용이 쓰여 있다는데, 지금은 너무 닳아서 글자를 알아보기 힘들어. 다행히 이를 기록해 놓은 다른 자료가 있으니 이야기해 줄게.

이 비석 속의 주인공은 이차돈이야. 신라 제23대 왕 법흥왕에게 이차돈이 처형당하는 모습을 그린 것이지. 당시 이차돈의 머리가 잘려 나갈 때 그의 목 한가운데에서는 우윳빛 피가 높이 솟구치고, 하늘에서 꽃비가 내리며 땅이 흔들렸다고 하는구나.

도대체 이차돈은 어떤 사람이었고, 그에게 어떤 일이 일어났던 걸까?

이차돈에 대해서는 책마다 전하는 이야기가 조금씩 달라. 어떤 책에서는 성이 '박', 이름은 '이차돈', 스물여섯 살의 나이로 왕을 가까이에서 돕는 관직에 있었다고 하고, 다른 책에서는 성이 '박', 이름은 '염촉', 스물두 살로 역시 왕을 보살피는 관직에 있었다고 해. 또 성이 '김'이고, 법흥왕의 친족이라고 기록한 책도 있어.

성도, 나이도 정확하지는 않지만 왕을 가까이에서 모시던 20대의 젊은이였던 것은 맞는 것 같네.

이차돈, 자네가 처형당할 때 목에서는 우윳빛 피가 솟구치고, 하늘에서는 꽃비가 내렸지.

그럼 앞길이 창창한 청년이 왜 저런 끔찍한 처형을 당했을까? 또 꽃비가 내리고 땅이 흔들리는 기적 같은 일들은 어떻게 받아들여야 할까? 이제 하나씩 따져 보자.

◆◆◆

신라는 고구려, 백제에 비해 늦게 성장했어. 소백산맥의 높은 산들이 신라를 가로막고 있었기 때문이야. 그 산맥 때문에 외적의 침입을 덜 받았지만, 신라가 외부로 뻗어 나가는 것도 어려웠지.

또 신라는 한반도 동남쪽에 위치해 있어 고구려와 백제를 통하지 않고는 중국의 앞선 문물을 접하기 힘들었어. 지리적으로 안정적인 위치이지만 외따로 있는 탓에 새로운 문물을 천천히 받아들이며 성장할 수밖에 없었던 거야.

불교도 삼국 중 신라에 가장 늦게 전래되었고. 그런데 갑자기 웬 불교 이야기냐고?

인도에서 시작된 불교는 중국을 통해 삼국에 전해지기 시작했어. 나라가 점점 커지기 시작하면서 각 나라 왕들이 어떻게 해야 백성들을 잘 다스릴 수 있을까 고민하고 있

신라는 삼국 중 가장 늦게 불교를 받아들였어.

신라

소백산맥이 막고 있는 데다 동남쪽 끝에 있으니 앞선 문물이 항상 늦게 들어왔거든.

던 때였지.

왕들은 이를 위해 여러 제도를 정비하고 법을 만드는 한편, 백성들의 마음을 하나로 모아야 한다고 생각했어. 그럴 때 불교가 전래된 거야.

고구려가 삼국 중 가장 먼저 불교를 받아들였어. 소수림왕 때 중국의 왕이 순도라는 스님과 함께 불경과 불상을 보내 준 것이 계기가 되었지. 10여 년 뒤에는 백제에도 불교가 전해졌어. 인도에서 온 마라난타라는 스님이 중국을 거쳐 백제로 건너오면서 말이야.

가장 마지막이 신라였어. 신라는 고구려의 스님 묵호자를 통해서 불교를 받아들였지. 하지만 이렇게 삼국이 앞다투어 받아들인 불교를 당시 신라 귀족들은 거들떠보지도 않았대.

왜였을까? 중국과 삼국의 왕들이 불교를 받아들이면서 '왕이 곧 부처'라고 주장했기 때문이야. 부처님을 믿듯이 왕을 무조건 믿고 따르라는 뜻이지. 왕의 힘이 강한 곳에서는 이 말이 잘 먹혀들었어.

하지만 신라에서는 여전히 귀족들의 힘이 강했기 때문에 잘 통하지 않았어. 신라 귀족들은 자신들이 믿어 왔던 조상신과 하늘 신 등 전통 신앙을 따르겠다며 고집을 꺾지 않았지.

신라 법흥왕은 '어떻게 하면 귀족들의 고집을 꺾고 불교를 나라의 공식 종교로 정할 수 있을까?' 고민했어. 그건 곧 귀족들의 힘을 누르고 강력한 왕권을 세우겠다는 뜻이나 마찬가지였지.

이때 **짠!** 이차돈이 등장한 거야.

"불교를 위해 저의 목숨을 바치겠사옵니다."

독실한 불교 신자였던 이차돈이 불교를 위해, 왕을 위해 목숨까지 버릴 수 있다고 나선 거지.

"그게 무슨 말이냐? 죄 없는 사람을 죽일 수는 없다."

왕은 반대했지만 젊고 충성스런 신하 이차돈은 왕을 결국 설득했어. 그리고 둘은 귀족들을 꺾기 위해 기가 막힌 작전을 짰지.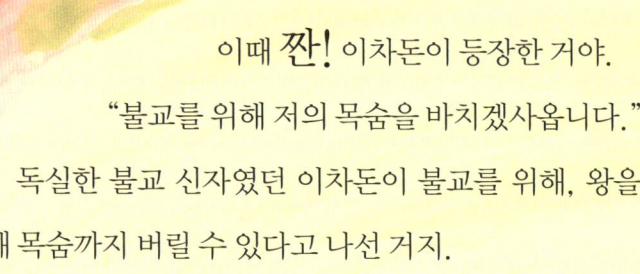
다음 날부터 이차돈은 귀족들이 하늘에 제사 지내는 신성한 숲의 나무를 쓱싹쓱싹 다 베어 버리고는 절을 짓기 시작했어. 그걸 본 귀족들은 어떻게 했을까? 당연히 노발대발하며 왕에게 항의했지. 이차돈이 분명 왕의 명령을 받고 그런 거라 생각했거든.

하지만 법흥왕은 모른 척 딱 잡아떼며 이차돈을 처형하라고 했어. 죽기 직전 이차돈은 이런 말을 남겼대.

"저는 불교를 위해 처형을 당하는 것이니 부처님께서는 제가 죽은 뒤에 반드시 신기한 일을 보여 주실 것입니다."

그가 처형되는 순간 그의 목에서 우윳빛 피가 솟구치고, 하늘에서는 꽃비가 내렸어. 어때? 기적 같은 신비한 일을 보았으니 사람들이 불교를 믿지 않을 수 없었겠지? 또 법흥왕은 제대로 알지도 못하고 왕에게 항의했던 귀족들을 엄하게 야단치며 기를 확 꺾을 수 있었어. 이렇게 해서 불교는 신라의 공식 종교가 되었지.

이차돈(506~527)
신라 법흥왕 때의 신하. 불교를 신라의 공식 종교로 만들기 위해 순교했다. 이차돈이 죽을 때, 목에서는 우윳빛 피가 솟구치고 하늘에서는 꽃비가 내렸다고 전한다.

◇◇◇

그런데 이차돈이 죽었을 때 진짜 목에서 우윳빛 피가 솟구치고 꽃비가 내렸냐고? 글쎄? 아마 불교와 왕을 위해 목숨을 바친 이차돈이 법흥왕으로서는 더할 나위 없이 고마웠을 거야. 그래서 나중에 그의 순교를 아름답게 보여 주는 이러한 기록을 남겼을 거라 짐작돼.

어쨌든 이차돈의 순교는 불교를 신라의 공식 종교로 만들고, 왕권을 강화하는 두 가지 목적을 모두 이루게 했어. 일석이조, 돌 한 개를 던져서 새 두 마리를 잡은 셈이라고나 할까?

이 일을 계기로 신라는 강력한 왕 아래 힘을 모아 발전할 수 있는 기틀을 마련했어. 그 덕분에 그 뒤 진흥왕이라는 뛰어난 왕이 등장해 신라의 전성기를 이끌 수 있었지.

복습하는 인물 연표

372년	384년	514년	527년	같은 해
고구려에 불교가 들어왔다.	백제에 불교가 들어왔다.	법흥왕이 신라 제23대 임금이 되었다.	이차돈이 불교를 신라의 공식 종교로 만들기 위해 순교했다.	신라가 불교를 공식 종교로 인정했다.

조금 더 알아볼까?

부처님의 힘으로 신라를 지키고자 세운 불국사

경주의 불국사에 가 본 적 있니? 음, 만일 가 보지 못했더라도 사진은 한 번쯤 본 적 있겠지? 절 앞마당의 석가탑과 다보탑이며, 청운교와 백운교라는 이름의 돌계단들……. 참 아름다운 절이야.

삼국에 불교가 본격적으로 전해지던 시기부터 나라 곳곳에는 이처럼 부처님을 모시는 절과 탑이 많이 지어졌어.

삼국의 왕들은 불교를 나라의 공식 종교로 만들어 왕권을 강화했다고 했지? 불교의 역할은 여기에 그치지 않았어. 각 나라의 왕들은 나라를 굳건히 지키는 일에도 부처님의 힘을 빌리고자 했지. 그 마음을 담아 정성을 다해 절을 짓고 탑을 쌓은 거야.

그중 불국사는 신라를 대표하는 절이야. 아름다움과 역사적 가치를 세계적으로도 인정받아 지금은 유네스코 세계 문화유산 목록에 올라 있지.

> 신라는 고구려, 백제보다 늦게 발전했지만 점점 세력을 키워 그들과 어깨를 나란히 할 정도가 되었다. 당나라와 손을 잡은 신라는 결국 백제, 고구려를 차례로 무너뜨리고 삼국을 통일한다.

김유신,
신라의 삼국 통일을 이끌다

신라는 힘센 고구려에 대항하기 위해 백제와 손잡으며 성장해 오다가, 6세기 중반 진흥왕 때 비로소 전성기를 맞았어.

진흥왕은 백제 성왕과 힘을 합쳐 고구려가 차지하던 한강 유역을 빼앗았어. 그리고 신라는 상류 지역을, 백제는 하류 지역을 나누어 가졌지.

그러나 진흥왕은 여기에 만족하지 않았어. 2년 뒤 갑자기 백제를 공격해 한강 하류마저 빼앗아 버린 거야. 이렇게 해서 신라는 한강 유역을 다 차지하고 중국과 직접 교류하며 눈부신 전성기를 누릴 수 있었어.

물론 이 일로 100년 넘게 이어 온 백제와 신라의 동맹, '나제 동맹'은 깨지고 말았지만……. 화가 난 백제 성왕은 신라를 공격하다가 목숨까지 잃었지.

뭐? 100년 넘게 이어 온 동맹 관계를 깬 건 배신 아니냐고? 하지만 이렇게 생각해 볼 수도 있지 않을까? 나라를 위한 어쩔 수 없는 선택이었다고, 그렇게 해서 신라의 전성기를 이끌었으니 결과적으로는 국가에 이익이 된 거 아니냐고 말이야.

아무튼 이렇게 동맹이 깨지면서 신라는 다시 고구려, 백제와 치열한 영토 전쟁에 들어갔어.

629년 어느 날, 신라는 고구려의 낭비성을 공격했지. 하지만 패배할 것 같았어. 고구려군의 기세에 밀려 신라군의 부상자만 늘어나고 있었거든.

이때 부장군이었던 한 젊은 장수가 지휘관에게 부탁했어.

"저 혼자 적진으로 들어가겠습니다."

와, 용감하지? 신라 장수가 홀로 나서자 고구려 쪽에서도 이에 질세라 장수 한 명이 뛰어나왔어.

두두둥! 1 대 1 맞짱!

하지만 고구려 장수는 신라 장수의 상대가 되지 못했어. 휘익! 신라 장수의 칼이 고구려 장수의 목을 베는 순간, 신라군의 사기는 치솟아 올랐고, 그 기세로 신라는 승리를 거두었지.

이 젊은 장수의 이름은 온 나라에 퍼졌어. 그가 바로 김유신이야!

❖❖❖

김유신은 595년에 태어났다고 해. 그러니까 낭비성을 공격했을 때는 서른다섯쯤 되었겠지? 직급은 부장군으로, 그렇게 높지는 않았어. 능력이 모자라서가 아니라 태어난 신분 때문이었지.

김유신은 멸망한 가야의 왕손이었거든. 증조할아버지가 금관가야의 마지막 왕이었고, 백제 성왕의 목숨을 빼앗았던 전투의 지휘관이 할아버지였으며, 낭비성 전투의 지휘관은 아버지였어.

아마 가야가 멸망하지 않았다면 김유신은 왕이 되었을지도 몰라. 하지만 신라에서 그의 가문은 점차 몰락해 가고 있었어. 대표적인 장수 집안으로 할아버지, 아버지에 이어 김유신까지 중요한 전투에 나가 공을 세웠는데도 직급은 점점 낮아지고 있었으니…….

하지만 김유신은 '별이 그의 칼에 내려앉았다.'는 전설이 전할 정도로 무예에 뛰어났을 뿐 아니라, 머리도 좋았어.

김유신은 신라의 젊은 왕족 김춘추를 평소 눈여겨보고 있었어. 그러던 어느 날 자신의 집으로 초대했지. 둘은 함께 집에서 공차기를 했는데, 그만 김춘

나는 가야의 왕손 출신인 장수 김유신이다.

별이 내려앉았다는 내 칼에 덤빌 자 누가 있느냐!

하핫!

112

추의 옷고름이 떨어지고 말았어.

김유신은 자신의 여동생을 불러 옷고름을 달아 주라고 했어. 이때 김춘추는 다소곳하게 앉아 옷고름을 달아 주던 김유신의 여동생을 보고는 한눈에 반해 버려. 그리고는 혼인하게 되지.

 그런데 김춘추를 초대한 것도, 김춘추의 옷고름을 떨어지게 한 것도, 모두 김유신의 계획이었을지 몰라. 자신의 여동생을 김춘추와 혼인시키기 위해서 말이야.

김춘추가 뭐 엄친아라도 되냐고? 맞아, 그는 당시 신라 왕이던 선덕 여왕의 조카였어. 왕의 자리를 이어받을 가능성은 낮았지만, 그렇다고 전혀 없는 것도 아니었지. 또 김춘추는 정치적으로나 외교적으로나 매우 뛰어난 인물이었거든. 김유신은 일찌감치 그 능력을 알아봤던 거야.

실제로 김유신의 군사력과 김춘추의 정치력이 만나서 나중에 삼국 통일을 이루는 가장 강력한 힘이 돼. 에구, 이야기가 너무 앞으로 나갔구나. 삼국 통일까지는 어렵고 힘든 일들이 아직 태산인데 말이야.

다시 낭비성 전투가 끝난 때로 돌아가자.

낭비성 전투 뒤로도 김유신은 많은 전투에 나가 승리를 거두었어. 큰 승리를 거두고 돌아오다가 다시 백제가 쳐들어왔다는 소식에 가족도 만나지 않고 바로 전쟁터로 달려가는 일도 있었대. 대단한 열정이지? 《삼국사기》에는 김유신이 평생 단 한 번도 패배하지 않은 명장이었다고 적혀 있어.

김유신이 이렇게 활약을 했지만 백제의 공격은 그치지 않았어. 오히려 신라는 점점 궁지에 몰렸지. 백제와의 전투에서 딸과 사위까지 잃은 김춘추도 이대로는 안 되겠다고 생각했어. 백제를 완전히 무너뜨리지 않고는 계속되는 전쟁을 막을 수 없다고 판단한 거야. 하지만 신라 혼자서는 힘이 부족했어.

결국 김춘추는 군사를 빌려 달라고 청하러 고구려를 찾아가기로 해. 이때 김유신이 떠나는 김춘추에게 말했지.

"그대가 만약 돌아오지 않는다면, 내 말발굽으로 반드시 고구려와 백제 두 임금의 대궐 마당을 짓밟아 버릴 것입니다."

김춘추는 감동했고, 둘은 손가락을 깨물어 피를 흘리며 맹세했어.

김춘추는 60일 정도면 돌아올 수 있을 거라 생각했어. 하지만 그 무렵 고구려의 권력을 막 손에 넣었던 연개소문은 신라의 제의를 거절하고, 김춘추를 감옥에 가두어 버렸지.

60일이 지나도 김춘추가 돌아오지 않자 김유신은 3,000명의 군사를 뽑아 고구려로 떠날 준비를 시작했어. 그 소문을 들은 고구려가 김춘추를 돌려보냈으니, 김유신과 김춘추의 관계는 더욱 단단해졌겠지?

 이런 가운데 신라에서는 여왕이 나라를 다스리는 것에 불만을 품은 무리들이 반란을 일으켰어. 반란이 일어나는 중에 선덕 여왕은 죽었지만, 김유신은 반란을 결국 진압했지. 그 뒤로 왕위에 오른 진덕 여왕은 김유신에게 고마워하며 더욱 큰 힘을 실어 주었어.

 그리고 몇 년이 지나지 않아 진덕 여왕마저 죽자, 마침내 김춘추가 왕위에 올라! 바로 태종 무열왕이야. 그가 왕위에 오르는 것을 반대하는 사람도 있긴 했지만 되돌리지는 못했어. 김춘추 뒤에는 강한 군사력을 가진 김유신이 떡 버티고 있었는걸.

 자, 이제 권력을 쥔 김유신과 태종 무열왕은 당나라와 힘을 합쳐 백제를 치기 위해 나섰어. 그사이 당나라도 혼자서는 고구려를 무너뜨릴 수 없다고 판단하고는 일단 신라와 손을 잡기로 했지. 먼저 백제를 멸망시킨 뒤, 고구려를 공격하는 것으로 작전을 바꾼 거야.

 김유신은 황산벌에서 계백을 무너뜨린 다음, 당나라 군대와 만나 백제의 도읍 사비성을 공격하기로 했어. 그런데 황산벌 전투가 워낙 치열했던 탓에 당나라 군대와 만나기로 약속한 날짜에서 며칠 늦고 말았어.

 그랬더니 당나라군 대장 소정방이 몹시 화를 내며 김유신의 부하 장군 한 명의 목을 베겠다고 나오는 거야.

김유신(595~673)
신라의 장군. 가야의 왕족 출신으로
신라의 명장이 되어 김춘추와 힘을 모아
삼국을 통일하는 데 큰 공을 세웠다.

같은 편끼리 이게 무슨 소리야? 첫 만남부터 신라군의 기를 꺾으려는 소정방의 수작이었어. 하지만 백전노장* 김유신이 그렇게 만만한가?

김유신은 머리털이 빳빳하게 설 정도로 몹시 화가 나서 도끼를 번쩍 들고 소리를 질렀어.

"내 먼저 당나라 군사들과 싸운 뒤에 백제를 쳐부수겠다."

김유신의 기개에 당황한 소정방은 슬그머니 꼬리를 내렸지.

신라와 당나라의 연합군, 그러니까 나당 연합군의 공격에 백제 사비성은 일주일도 버티지 못하고 무너졌어.

백제가 멸망한 다음 해, 태종 무열왕도 죽었어. 사실 신라의 목표는 백제의 멸망까지였던 것 같아. 고구려와 힘을 합쳐 백제를 무너뜨리려고 했던 걸 봐도 말이야. 반대로 당나라는 고구려를 노리고 있었어. 아니, 실은 한반도 전체를 노렸다고 하는 게 맞겠지.

*백전노장 싸움을 수없이 치른 노련한 장수

그렇지만 당나라의 계속된 공격에도 연개소문이 지키고 있던 고구려는 끄떡하지 않았어. 그러다 몇 년 뒤 연개소문이 죽으면서 고구려는 무너지기 시작했지. 나당 연합군은 그 틈을 타서 고구려를 공격해 마침내 항복을 받아 내는 데 성공했어.

고구려를 멸망시킬 때 신라에서는 20만 명의 군사를 보냈지만, 김유신은 일흔네 살로 늙고 병까지 들어 전쟁에 참가하지는 못했어. 신라에 남아 재상으로 나라를 보살폈지.

이렇게 삼국 통일이 끝났냐고? 아니야.

당나라는 이제 한반도 전체를 꿀꺽 삼키려는 검은 속셈을 드러냈어. 백제와 고구려를 직접 다스리려고 했을 뿐 아니라 신라의 왕마저 자신들의 신하로 임명한 거야.

태종 무열왕을 이어 신라 왕이 된 문무왕은 당나라를 상대로 전쟁을 선포했어. 옛 백제와 고구려 백성들도 곳곳에서 당나라의 지배에 저항했지. 신라는 이들과 힘을 모아 9년에 걸친 긴 전쟁을 치러야 했어.

신라는 힘겨운 싸움 끝에 당나라를 물리치고 대동강에서 원산만에 이르는 한반도 남쪽 지역을 지켜 냈지! 이 일을 우리 역사에서는 '삼국 통일'이라고 해. 하지만 이때 고구려 땅 대부분을 잃었고, 또 그 땅에 곧 발해가 세워졌으니 신라가 삼국을 통일했다고 하기는 좀 애매해. 그래서 요즘은 이 시기를 '통일 신라 시대'라는 말 대신 남쪽에 신라와 북쪽에 발해가 있던 '남북국

재상 임금을 돕고 모든 관리를 감독하는 벼슬아치

시대'라고 하지.

❖ ❖ ❖

다시 김유신 이야기로 돌아가 보자. 고구려가 멸망하고 5년이 지난 뒤, 김유신은 자신의 집에서 세상을 떠났어. 김유신이 세상을 떠난 다음, 신라 흥덕왕은 그에게 '흥무 대왕'이라는 이름을 내렸지. 왕족이 아닌 신하가 대왕이라는 이름을 받은 것은 우리 역사에서 김유신뿐이야. 신라 사람들이 김유신을 얼마나 존경했는지 짐작할 수 있겠지?

고려와 조선 시대까지 김유신은 삼국 통일의 영웅으로 사람들의 존경을 받았어. 그러나 조선이 저물어 가던 무렵부터 그에 대한 평가가 완전히 달라지기 시작해. 왜일까?

신라가 외국 세력인 당나라를 끌어들여 같은 민족인 고구려와 백제를 멸망시킨 건 잘못이라는 거야. 김유신뿐만 아니라 태종 무열왕 김춘추도 같은

남쪽 사람들 안녕~ 고구려 땅에는 이제 발해가 세워져요.

바이 바이~

신라는 삼국을 통일했지만 고구려 땅 대부분을 잃었네.

비난을 받았어.

하지만 생각해 봐야 할 것이 있어. 당시 고구려와 백제, 신라 사람들은 서로가 같은 민족이라는 생각 자체가 약했다는 거야. 서로 영토를 두고 치열하게 싸우는 적이었지. 또 만일 신라가 백제, 고구려를 공격하지 않았다면 반대로 신라가 멸망했을지도 몰라.

사실 엄마도 아쉽기는 해. '만일 고구려가 당나라의 도움 없이 삼국을 통일했다면 드넓은 고구려 땅 모두가 우리 영토가 되지 않았을까? 그랬다면 우리나라가 지금보다 훨씬 더 강하지 않았을까?' 하는 생각이 들거든. 하지만 이미 오래전에 지난 일이야.

복습하는 인물 연표	609년	629년	660년	668년	676년
	가야의 왕손인 김유신이 15세에 신라의 화랑이 되었다.	낭비성 전투에서 김유신이 고구려 장수의 목을 베었다.	신라가 당나라와 손잡고 백제를 무너뜨렸다.	연개소문이 죽은 뒤 고구려가 나당 연합군에게 멸망했다.	신라가 당나라를 몰아내고 삼국을 통일했다.

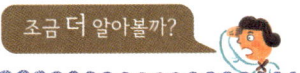

신라를 구한 용감한 청소년, 화랑

신라의 김유신은 소년 시절 화랑이었어. 황산벌 전투에서 홀로 적진에 뛰어들었던 신라의 소년군 관창도 화랑이었고.

화랑이 뭘까? 한자로 풀면 '꽃 남자'! 신라의 꽃미남 아이돌 그룹이냐고? 그건 아니고, 신라에서 인재를 기르기 위해 만든 무리를 말해.

본래 신라에는 원화라는 무리가 있었는데, 원화는 아름다운 여성 두 명을 우두머리로 했어. 그런데 이 둘이 서로 질투를 하다가 상대방을 죽이는 일이 벌어졌어. 그러자 진흥왕은 이 무리를 남성 중심으로 바꾸면서 이름도 '화랑'이라고 고쳤지.

화랑은 귀족 출신인 '화랑'과 그들을 따르는 평민인 '낭도'로 구성되었어. 열다섯 살에서 열여덟 살 정도의 소년들은 3년 동안 단체로 생활하면서 몸과 마음을 단련시켰지.

진평왕 때, 원광 법사는 화랑이 지켜야 할 도리, '세속 오계'를 발표했어.

"나라에 충성하고, 부모에 효도하며, 친구는 신의로 대한다. 전쟁터에 나가서는 물러서지 않으며, 살아 있는 것을 함부로 죽이지 않는다."

치열한 삼국 전쟁에서 화랑 출신의 장수들은 눈부신 활약을 펼치며 신라의 삼국 통일에 기여했어.

> 신라가 불교를 공인한 지 100년 정도 흘렀지만, 백성들은 여전히 불교를 어려워했다. 그래서 원효는 백성들 사이로 들어가 불교를 쉽게 전하려고 애썼다.

원효,
신라 백성들에게 불교를 전하다

우리 역사에서 가장 유명한 스님 하면 누가 떠오르니? 몇몇 스님들이 있겠지만 이번 장에서는 그중 신라의 원효를 만나 볼까?

원효가 살던 때는 신라가 당나라와 손잡고 백제와 고구려를 무너뜨리던 시기야. 전쟁이 계속되어 백성들이 매우 어렵게 살던 시절이었지.

◆ ◆ ◆

원효는 617년 경상북도에서 설담날이라는 사람의 아들로 태어났어. 원효의 어머니가 밤나무 밑을 지나다가 갑자기 아이가 태어날 것 같아서 남편의

털옷을 나무에 걸고는 원효를 낳았대.

원효의 신분은 6두품이라고 알려져 있어. 6두품이 뭐냐고? 음, 조금 어려운 이야기이기는 한데, 신라를 이해하는 데 워낙 중요한 내용이니까 간단하게 설명해 볼게.

신라는 엄격한 신분제 사회였어. 태어날 때부터 신분이 정해져서 그 신분에 따라 오를 수 있는 벼슬, 혼인할 수 있는 집안, 집의 크기, 옷의 색깔까지 다 제한받아야 했지.

특히 신라의 신분 제도는 골품제라고 해. 왕족인 성골과 진골에서 시작해, 그 아래로 6두품부터 1두품까지 있어서 그렇게 이름이 붙었어. 숫자가 클수록 신분이 높고, 마지막 1두품 아래로는 평민이지.

시간이 흐르면서 3두품에서 1두품까지도 평민 취급을 받았어. 그러니까 원효는 전체적으로 보면 제법 높은 신분이었어.

골품제 안에서는 자기 능력과 관계없이 오를 수 있는 벼슬과 나랏일에 참여할 수 있는 기회가 제한되니까 높은 신분이면 높은 신분대로, 낮은 신분이면 낮은 신

성골은 왕족으로 가장 높은 신분이야.

진골도 왕족이라 신분이 높지.

6두품은 왕족이 아니어서 오를 수 있는 벼슬이 제한돼 있어.

우리 같은 3두품 밑의 신분은 그냥 평민이라고 보면 돼.

4두품은 귀족 중에서는 제일 낮은 신분이지.

아, 힘들어. 그만 눌러!

분대로 모두 자기 신분에 불만을 갖게 돼. 결국 이는 나중에 신라가 멸망하는 중요한 이유가 되었지!

아차차, 또 이야기가 너무 앞서 갔구나.

원효의 어린 시절로 가 볼까? 원효는 소년 시절 화랑이었대. 김유신이나 관창처럼. 그러다가 스님이 되기로 결심하고는 불교 공부를 시작했어. 여러 스승을 찾아다녔지만 한 스승 밑에서 오래 공부하지는 않았어. 불교 경전을 읽으며 혼자 도를 닦았지.

그러던 어느 날 그는 당나라로 유학을 떠나기로 결심했어. 당시 원효만큼이나 학식이 뛰어났던 또 한 명의 스님, 의상과 함께 말이야.

처음에 두 사람은 걸어서 당나라로 가려고 했어. 하지만 가는 도중 고구려 군사에게 잡혀 결국 되돌아와야 했지. 이때는 고구려가 멸망하기 전이야. 신라와 고구려의 사이가 매우 안 좋았을 때이니 목숨을 잃지 않은 것만도 다행이었을 거야.

그러다 10년이 흘렀어. 둘은 뜻을 포기하지 않

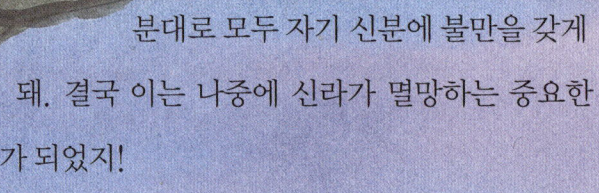

원효(617~686)
신라의 승려. 불교 사상을 널리 퍼뜨리는 데 힘썼다. 요석 공주와 혼인하고, 백성들과 허물없이 어울리는 등 파격적인 삶으로도 유명하다.

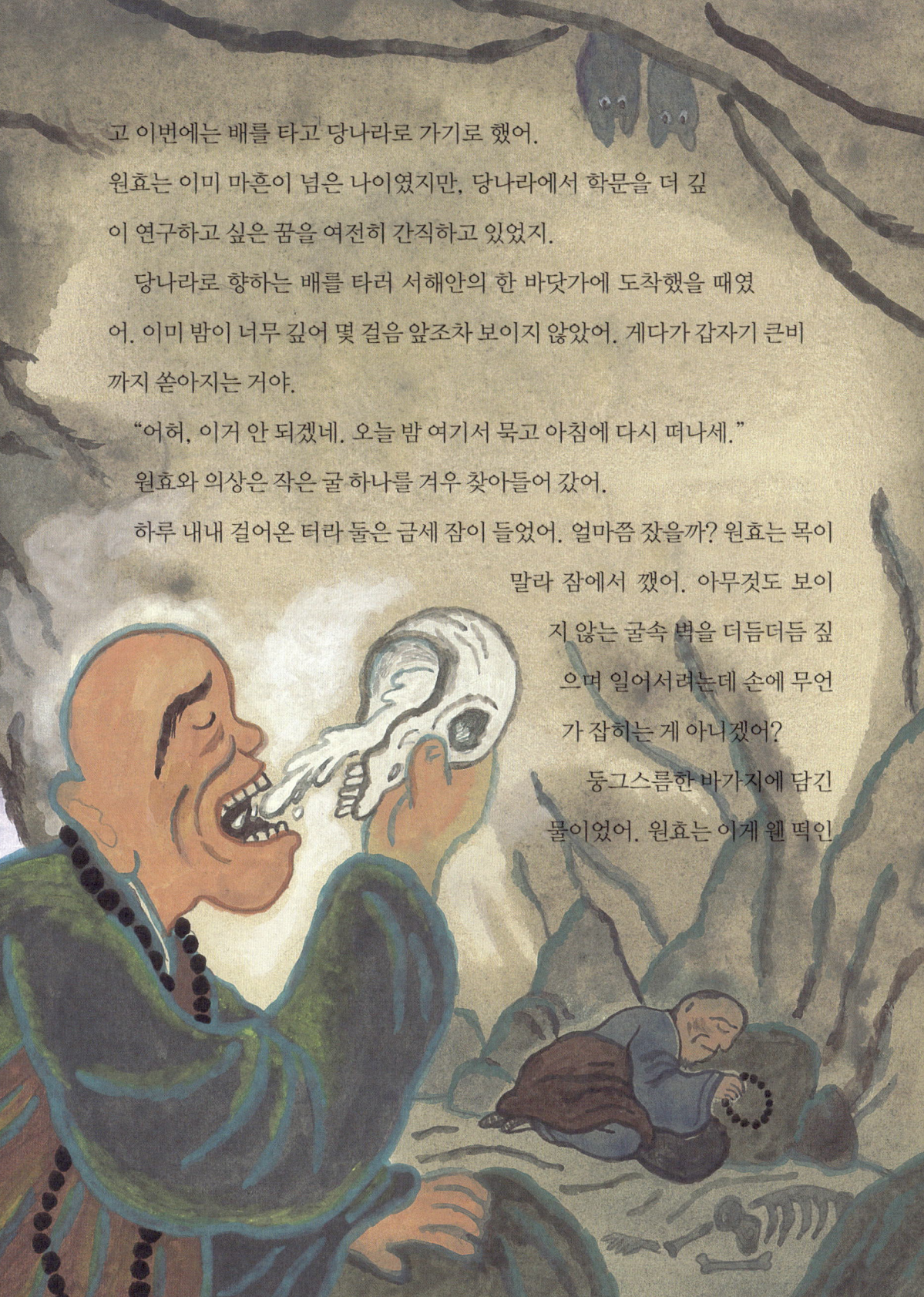

고 이번에는 배를 타고 당나라로 가기로 했어.

원효는 이미 마흔이 넘은 나이였지만, 당나라에서 학문을 더 깊이 연구하고 싶은 꿈을 여전히 간직하고 있었지.

당나라로 향하는 배를 타러 서해안의 한 바닷가에 도착했을 때였어. 이미 밤이 너무 깊어 몇 걸음 앞조차 보이지 않았어. 게다가 갑자기 큰비까지 쏟아지는 거야.

"어허, 이거 안 되겠네. 오늘 밤 여기서 묵고 아침에 다시 떠나세."

원효와 의상은 작은 굴 하나를 겨우 찾아들어 갔어.

하루 내내 걸어온 터라 둘은 금세 잠이 들었어. 얼마쯤 잤을까? 원효는 목이 말라 잠에서 깼어. 아무것도 보이지 않는 굴속 벽을 더듬더듬 짚으며 일어서려는데 손에 무언가 잡히는 게 아니겠어? 둥그스름한 바가지에 담긴 물이었어. 원효는 이게 웬 떡인가 싶어 시원스레 마시고는 다시 곤한 잠에 빠졌지.

다음 날 아침이 밝았어. 원효가 눈을 비비고 일어나 주위를 두리번거리는데, 글쎄! 어젯밤 굴속인 줄 알고 잤던 곳이 무덤 속이었던 거야. 원효가 시원하게 마신 물은 해골에 담긴 썩은 물이었고.

우웩, 원효는 마구 구역질을 해 댔어. 그러다 문득 깨달았지.

'모든 것이 마음먹기에 달렸구나!'

밤에 마신 물이나 아침에 본 물이나 똑같은데, 아무것도 몰랐을 때에는 시원하게 느껴지다가 해골 물이었다는 것을 알고 나니 구역질이 난 거잖아. 결국 모든 게 마음먹기 달렸다는 걸 깨닫게 된 거야.

그 길로 원효는 당나라 유학을 포기했어. 진리가 자신의 마음속에 있다면 굳이 멀리 당나라까지 가서 공부할 필요가 없다고 판단한 것이지.

원효가 깨달음에 이르는 순간을 전하는 이 이야기는 매우 유명해. 그런데 한편으로는 이 이야기가 좀 과장됐다는 주장도 있어. 우리 기록에서는 찾아볼 수 없고, 중국 역사책에서 전하는 이야기는 조금 다르거든.

심한 폭풍을 만나 굴속에서 비를 피한 뒤, 다음 날 일어나 보니 그곳이 해골이 있는 옛 무덤이었다는 점은 같아. 그런데 중국 역사책에서는 다음 날에도 비가 많이 내려 한 발자국도 움직일 수가 없었다고 해. 그래서 하룻밤을 더 머물기로 했는데, 밤중에 갑자기 귀신이 나타난 거야. 원효는 탄식하며 말했어.

"분명 같은 곳인데, 어젯밤에는 마음이 편하더니 무덤인 줄 알고 나니 귀신이 보이는구나. 내 마음속에 모든 것이 있다."

　비슷한 이야기지? 귀신을 보고 깨달았든 해골에 담긴 썩은 물을 마시고 깨달았든 '모든 것이 마음에 달렸다.'는 깨달음은 같아. 하지만 첫 번째 이야기가 조금 더 실감 나지 않니? 누군가 원효의 깨달음을 사람들에게 흥미롭게 전하려고 상상력을 발휘한 게 아닐까?

　어쨌든 이렇게 해서 원효는 당나라 유학을 포기하고 분황사라는 절에 들어가 공부에 매달렸어. 여러 불교 경전을 읽고 그 핵심을 정리했지.

　당시 중국과 신라의 불교에서는 어떻게 하면 부처님의 가르침을 깨달을 수 있는지를 두고 많은 갈래들이 생겨나 서로 논쟁이 일고 있었어. 하지만 원효는 여러 갈래의 불교를 모두 아울러 넓은 시각으로 전체를 바라보려 했지. 부처님의 가르침으로 많은 불교의 갈래를 한데 모을 수 있다면서 말이야.

　사실 원효에 대해서는 우리나라의 기록보다 중국의 기록이 더 많아. 일본의 국보 가운데 원효의 일대기를 그린 그림이 있을 정도로 일본에서도 유명했고……. 다시 말해 원효의 학문과 사상은 우리나라뿐 아니라 동아시아 전체에서도 최고로 인정받았다는 거야. 원효가 쓴 책들은 동아시아 각국 스님들의 교과서가 되기도 했지.

◆◆◆

　그러나 원효의 위대함은 단지 학문이 깊었다는 데 그치지 않아.

　원효는 계속된 전쟁으로 지친 신라 백성들의 마음을 불교를 통해 위로해

주고 싶었어. 그때까지만 해도 신라 백성들은 불교를 잘 몰랐어. 신라에서 불교는 왕실이 처음으로 받아들였고 그다음에는 귀족들이 받아들였어. 그러나 백성들까지 이해하고 받아들이기에는 불교의 내용이 어려웠지.

그래서 원효는 낡은 옷을 입고 백성들이 많이 모이는 저잣거리˚로 나갔어. 표주박을 두드리며 부처님의 가르침을 담은 노래를 부르고, 사람들에게 쉬운 말로 불교를 설명해 주었지.

또 어려운 내용을 하나도 몰라도 '나무아미타불'이라는 여섯 글자만 열심히 외고 진심으로 믿으면 극락˚에 갈 수 있다고 말했어.

저잣거리 가게가 죽 늘어서 있는 거리
극락 불교에서 말하는 천국

'나무아미타불'이라는 말은 '아미타 부처님, 우리를 극락으로 갈 수 있게 도와주세요.'라는 뜻이야. 아미타 부처님은 극락세계에 계신 부처님이거든.

　오랜 전쟁에 시달리며 지쳐 있던 신라의 백성들은 원효의 말을 듣고 커다란 위로를 받았어. 원효 덕분에 글을 모르는 백성들까지도 부처님의 이름을 알고 '나무아미타불'을 외며 마음의 평화를 찾았지.

　아 참, 원효의 친구인 의상 이야기는 잊어버리고 말았네. 의상은 그 뒤 어떻게 되었냐고? 그는 원효와 달리 당나라로 결국 유학을 떠났어.

　원효가 불교의 다양한 갈래에 모두 관심을 가졌다면, 의상은 불교의 여러

갈래 가운데 특히 화엄 사상에 집중하여 열심히 공부했어. 그리고 많은 제자를 길렀지. 의상 역시 우리 불교 역사상 위대한 사상가 가운데 한 명이야.

복습하는 인물 연표	617년	631년경	650년	655년경	661년	그 이후
	경상북도에서 설담날의 아들 원효가 태어났다.	원효가 화랑을 그만두고 승려가 되었다.	원효와 의상이 당나라로 유학을 가던 중 고구려군에 붙잡혀 되돌아왔다.	원효와 요석 공주 사이에서 설총이 태어났다.	원효가 굴속에서 해골 물을 마신 뒤 깨달음을 얻었다.	원효가 불교 사상을 정리하는 한편, 백성들에게 쉬운 말로 불교를 전했다.

결혼까지 한 자유로운 스님 원효와 그의 아들 설총

원효는 세상 모든 일에 거리낌이 없었어. 낡은 옷을 입고 백성들 속으로 들어가 표주박을 두드리며 노래를 부르기도 했고, 사랑하는 여인과의 사이에서 아들을 두기도 했지.

스님들은 결혼을 하지 않는데 어떻게 아들이 있냐고? 맞아. 대부분의 스님은 결혼을 하지 않아.

하지만 원효는 보통 스님과는 많이 달랐던 거 같아. 스님이면서도 스님처럼 살기를 거부했다고나 할까? 원효는 스님이 지켜야 할 계율에 얽매이기보다는 일반 백성들 속에 들어가 불교의 가르침을 전하면서 자유롭게 살고자 했어. 그래서인지 태종 무열왕, 그러니까 김춘추의 딸인 요석 공주와 사랑에 빠지기도 하고 그 사이에서 설총이라는 아들까지 두었지.

원효의 아들 설총 역시 재능이 뛰어나 나중에는 신라를 대표하는 학자가 되었어.

> 백제와 신라 사이, 낙동강 근처에 작은 나라 여럿이 모여 가야를 형성했다. 가야는 뛰어난 철기 문화와 활발한 해상 무역을 통해 점차 발전했다.

김수로,
철의 나라 여섯 가야를 이끌다

옛날 한반도 남쪽에 마한, 진한, 변한의 삼한이 있었다고 했던 거 기억나니? 그중 마한에서는 백제가 시작되었고, 진한에서는 신라가 시작되었어. 그럼 남은 것은? 변한뿐이네. 지금부터는 변한에 있던 가야라는 나라에 대해 이야기해 줄게.

가야를 세운 김수로에 대해 먼저 알아볼까?

옛날 옛날 낙동강 근처 평야 지대에 작은 나라들이 있었어. 이 나라들에는 왕이 없어 아홉 명의 촌장이 이곳을 다스렸지.

그러던 어느 날, 나라 북쪽에 있는 구지봉에서 이상한 소리가 들려왔어. 사람 목소리 같은데, 그 모습은 어디에도 보이지 않았지. 이상한 일이다 싶어 곧 200~300명의 사람들이 웅성웅성 모여들었어. 그때였어!

"여기에 사람이 있는가?"

하늘의 목소리가 물었어.

"우리가 있습니다."

마을 사람들이 대답했지.

"내가 있는 곳이 어디인가?"

"구지봉입니다."

"하늘이 내게 이곳에 나라를 세우고 왕이 되라 하셔서 왔도다. 너희는 봉우리 꼭대기의 흙을 파면서 이렇게 노래를 불러라. '거북아, 거북아, 머리를 내밀어라. 내밀지 아니하면 구워서 먹으리.' 그러면서 땅을 다지고 춤을 추어라. 그렇게 하면 곧 대왕을 맞이하여 기뻐 뛰놀게 될 것이다."

아홉 명의 촌장과 마을 사람들은 곧 나무 막대기로 땅을 두드리며 노래를 불렀어.

그러자 하늘에서 붉은 보자기에 싸인 금빛 상자가 내려왔어. 상자에는 해처럼 둥근 황금 알 여섯 개가 들어 있었는데, 12일이 지나자 알에서 여섯 명의 사내아이가 태어났대.

그중 가장 먼저 태어난 아이가 김수로야. 김수로는 뒷날 금관가야의 임금이 되었고, 나머지 다섯 아이들도 각각 다섯 가야의 임금이 되었지.

◈ ◈ ◈

어째 주몽이나 박혁거세와 이야기가 비슷하지? 알에서 태어났잖아. 그럼 가야의 건국 신화에서도 암호를 찾아볼까?

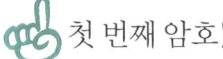 첫 번째 암호!

김수로가 알에서 태어났다는 것은 그가 특별한 존재였다는 걸 나타내. 앞에서도 비슷한 추리를 해 봤으니 이 정도는 쉽지? 알은 새를 떠올리게 하잖아. 옛날 사람들은 새를 신성하게 여겼거든. 새가 하늘을 날아다니기 때문에 하늘 신과 가깝다고 생각한 거지. 둥그런 알 모양은 태양을 상징하기도 하고.

 또 다른 암호!

알에서 태어났다는 사람들은 대부분 외부에서 온 세력이야. 같은 곳에서 살던 사람들이 갑자기 하늘에서 내려왔다고 할 수는 없으니까. 아마 김수로와 다섯 왕도 외부에서 온 세력이었기 때문에 신화 속에서 이렇게 표현했을 거야. 이들이 낙동강 근처 나라를 다스리던 아홉 촌장과 손잡고 새로운 나라들을 세웠던 것 같아.

✌ 마지막 암호!

가야의 건국 신화에서는 특이하게도 거북이가 등장해. 아마 바다와 가까운 곳이어서 그랬을 거야. 또 나무 막대기로 땅을 두드리며 노래를 불렀다는 이야기는 축제를 말하는 것 같아. 당시 사람들은 하늘에 제사를 지낼 때 춤을 추고 노래를 불렀거든. 부여와 고구려에도 그런 행사들이 있었어.

그런데 가야에는 외부에서 온 세력이 또 있었어.

김수로의 왕비 허황옥은 아유타국의 공주래. 어느 날 허황옥의 부모가 꿈을 꾸었는데, 꿈속에서 하늘 신이 나타나 이렇게 말했다는 거야.

"김수로는 하늘이 내려보낸 가야의 왕으로 신령스러운 사람이다. 아직 배필˚을 정하지 못했으니, 그대들의 공주를 보내 그 배필로 삼게 하라."

허황옥의 부모는 이 꿈을 그대로 따랐어. 딸을 신하들과 함께 배에 태워 가야로 보냈고, 그 뒤 허황옥은 김수로의 왕비가 되었지.

그런데 아유타국이 어디냐고? 인도에 있는 나라라는 주장도 있고, 타이나 중국의 어느 지역일 거라고 주장하는 사람들도 있어. 아직 확실하게 밝혀지지는 않았지.

배필 부부로서의 짝

김수로(?~199)
가야의 시조. 알에서 태어난 여섯 형제 중 맏이로, 금관가야를 세웠다. 그 뒤 가야는 철기 문화와 해상 무역의 강국이 되었다.

　김수로는 왕위에 오른 뒤 관리들의 계급을 정하는 등 나라의 체계를 하나하나 세워 나갔어. 《삼국유사》를 보면 백성을 자식처럼 사랑해서 나라를 다스리는 데 엄하지 않으면서도 저절로 위엄이 우러나왔다고 하지.
　그런데 가야에 신라의 제4대 왕인 석탈해가 쳐들어온 적이 있었어. 석탈해

가 김수로의 자리를 빼앗으려고 한 거야. 그러다 둘 사이에 싸움이 벌어졌는데, 그게 바로 만화 같은 도술 싸움이었어.

먼저 석탈해가 매로 변신하자, 김수로는 독수리로 변했어. 다시 석탈해가 참새로 변하자, 김수로는 새매로 변했지. **아뿔싸!** 참새가 새매에게 잡아먹

힐 위기에 처하자 석탈해는 본모습으로 돌아왔어. 김수로도 본모습으로 돌아오면서 싸움은 끝났지. 결국 김수로의 승리!

이 이야기도 어떤 암호일 거야. 아마 신라의 석탈해가 가야에 쳐들어왔을 때, 김수로가 잘 막아 냈던 거 같지? 가야가 힘으로 신라에 밀리지 않았다는 증거이기도 해.

가야는 오늘날 경상남도 지역에 있었는데, 이곳에는 산과 강이 많아. 그래서 나라가 여러 개로 나뉘어 독립적으로 성장해 나갔지.

김수로가 다스리던 금관가야를 비롯해 대가야, 성산가야, 아라가야, 고령가야, 소가야의 여섯 가야가 있었다고 전해져. 열두 개의 나라가 있었다고 주장하는 사람도 있고.

❖ ❖ ❖

가야가 있던 지역은 철이 많이 나는 땅이라 철기 문화가 잘 발달했어. 당시 철은 가장 강력한 무기였고, 철을 다루는 기술은 최첨단 기술이었다니, 이 역시 가야의 발전에 큰 몫을 했을 거야.

　또 낙동강이 바다로 흘러들어 가는 곳에 자리 잡은 금관가야는 배를 타고 이동하기도 좋았어. 나중에는 해상 무역이 크게 발달해 중국, 일본에까지 철을 내다 팔기도 했지.

　한때 가야는 신라보다 더 부유했으며 화려한 문화를 꽃피웠어. 오늘날 전하는 유물만 봐도 가야 문물의 수준은 매우 높은 편이야.

　하지만 문제가 있었어. 여섯 가야가 다 비슷비슷하게 잘살아서 힘을 모을 필요가 없었던 탓인지, 통일된 나라를 만들지 못했다는 거야. 같은 시기 백제와 신라는 작은 나라들을 하나하나 정복하며 커 가고 있었는데 말이야.

　그러던 어느 날 가야는 백제의 지원 아래 왜가 신라를 공격하는 일에 끼게 돼. 그런데 이때 신라를 도우러 온 고구려 광개토 대왕이 금관가야까지 쳐들어왔어. 힘센 고구려의 공격에 금관가야는 큰 타격을 입고 점점 몰락하기 시

김수로 * 139

작했어. 그 뒤에는 금관가야를 대신해 대가야가 가야 연맹을 이끌어 나갔지. 그러나 562년, 대가야도 결국 신라에 정복당하면서 안타깝게도 가야는 우리 역사에서 사라지고 말아.

비록 조금 일찍 멸망하긴 했지만 분명 가야도 500여 년 동안 지속되어 온 우리의 고대 국가야. 그래서 어떤 학자들은 당시를 '삼국 시대'가 아닌 '사국 시대'로 부르자고 주장하기도 해. 너는 어떻게 생각하니?

어쨌든 엄마는 한동안 잊혀져 왔던 가야의 역사가 다시 주목받게 되었다는 게 참 기쁘구나.

복습하는 인물 연표	?	42년	48년	199년	562년
	황금 알에서 김수로가 태어났다.	김수로가 나라를 세우고 왕이 되었다.	아유타국의 공주인 허황옥이 김수로의 왕비가 되었다.	김수로가 세상을 떠났다.	대가야가 신라에 정복당했다.

신라에서 더욱 빛난 가야의 인재들

가야가 멸망한 뒤 가야 사람들은 어떻게 되었을까? 신라에 정복당했기 때문에 가야 사람들은 이제 신라 사람으로 살아야만 했어.

그런데 가야의 문화 수준이 높았던 탓인지 옛 가야 사람 중에는 신라에서 재능을 빛낸 이들이 많았어. 가야는 비록 사라졌지만 신라의 역사와 문화에 큰 영향을 끼친 거야.

삼국 통일에 큰 공을 세운 김유신은 가야의 왕손이었어. 강수라는 유학자 역시 가야의 후예로, 글을 잘 지어 신라 3대 문장가 가운데 한 사람으로 손꼽혔지.

신라의 유명한 음악가 우륵도 가야 출신이야. 우륵은 대가야 가실왕의 명으로 가야금이라는 악기를 만들고 여기에 맞는 12곡을 작곡한 사람인데, 가실왕이 죽고 가야가 위기에 처하자 신라로 몸을 피했지. 우륵을 통해 가야의 음악이 신라로 전해졌고, 그가 만든 가야금 역시 신라의 대표 악기가 되었어.

> 668년 고구려가 무너진 뒤로 고구려를 다시 세우려는 움직임이 이곳저곳에서 일어났다. 그런 가운데 고구려 사람들과 말갈족이 모여 옛 고구려 땅에 발해를 세웠다.

대조영,
북쪽 땅에 해동성국 발해를 세우다

고구려가 멸망하자 당나라는 고구려 사람 20만 명 정도를 당나라로 끌고 가 이곳저곳에 흩어져 살게 했어. 고구려 사람들이 당나라에 거세게 저항하자 서로 힘을 모으지 못하게 하려는 것이었지.

요서 지방의 영주라는 곳에도 그렇게 끌려온 고구려 사람들이 살고 있었어. 거란 사람들, 말갈 사람들과 섞여서 말이야.

그런데 영주를 다스리던 한 관리가 이곳 사람들을 오랑캐라고 무시하며 못살게 굴었어. 참다 못한 사람들은 결국 반란을 일으켰고, 영주는 큰 혼란에 빠졌지.

이때를 틈타 고구려 사람 걸걸중상과 말갈 사람 걸사비우는 각각 자신들을 따르던 고구려 사람과 말갈 사람을 이끌고 영주를 탈출해 동쪽으로 향했어. 자신들이 살던 옛 고구려 땅으로 가려 했던 거야.

이를 알게 된 당나라는 급히 군대를 보내 이들을 뒤쫓았어. 걸걸중상과 걸사비우는 당나라 군대에 맞서다가 결국 죽었고, 걸걸중상의 아들이 남아 무리를 다시 이끌게 되는데, 이 사람이 바로 대조영이야.

대조영의 아버지 걸걸중상은 고구려 말기 쑹화 강 유역을 지배하던 부족의 추장으로 알려져 있어. 쑹화 강 유역은 옛날 부여 사람들의 흔적이 서린 곳이야. 땅이 기름져 농경 문화가 발달한 곳이지. 이곳에서 대조영 가문은 큰 세력을 이루고 있었어.

대조영의 탄생에 대해서도 신비로운 이야기가 전해 와. 대조영의 어머니가 그를 가질 때 꿈에 북두칠성의 정기˚를 삼켰으며, 대조영을 낳을 때에는 방 안에 상서로운 자줏빛 기운이 가득했대. 갓 태어난 아기의 얼굴은 검은 옻칠을 한 것처럼 번들거렸는데, 등 왼쪽에는 해가, 오른쪽에는 달이 새겨져 있었다고 해.

대조영의 탄생 신화는 다른 탄생 신화들보다 과장이 약한 편이야. 그의 아버지가 워낙 큰 세력을 이루고 있어서 그럴 필요가 없었는지도 모르겠어. 그

정기 하늘과 땅의 기운

래도 특별한 인물임을 강조하고 있다는 건 확실해. 북두칠성이나 해, 달처럼 신성한 존재들이 등장하잖아. 또 자줏빛 기운이라는 것은 예부터 황제를 상징하는 표현이기도 해.

다시 말해 발해를 세운 대조영의 후손들은 자신들의 시조를 해와 달의 정기를 타고난 신성한 인물로 여기며 숭배했던 거야.

자, 다시 고구려 땅으로 향하던 대조영 이야기로 돌아가 보자.

대조영이 무리를 이끈다는 소식이 전해지자 옛 고구려 땅 여기저기에 흩어져 있던 고구려 사람들이 하나둘씩 모여들기 시작했어. 무리는 점점

커졌고 힘도 세졌지. 그렇지만 여전히 수십만의 당나라군이 이들을 추격하고 있었어.

백두산 서쪽 천문령에 다다른 대조영은 높은 골짜기 아래 펼쳐진 밀림을 보고는 무릎을 탁 쳤어. 당나라군을 무찌르는

대조영 (?~719)
멸망한 고구려의 백성으로 698년에 발해를 세웠다. 나라 기틀을 바르게 잡고, 고구려의 옛 영토를 되찾아 발해를 다른 나라와 어깨를 나란히 하는 나라로 키웠다.

데 더할 나위 없이 좋은 곳이었던 거야. 대조영의 군사들은 울창한 밀림 속에 숨어 있다가 뒤쫓아 들어온 당나라 군사들을 기습했어.

그래서 어떻게 됐느냐고? 당연히 당나라군을 크게 물리쳤고, 목숨을 건 추격전에서도 벗어날 수 있었지.

그리고 698년, 고구려가 멸망한 지 30년 만에 대조영은 옛 고구려 땅에 새 나라를 세웠어. 이 나라가 바로 발해야.

무예와 지혜가 뛰어났던 대조영은 나라의 기틀을 빠르게 잡고, 고구려의 옛 땅을 차례차례 손에 넣으며 세력을 키워 나갔어.

그리고 독자적인 연호를 써서 자신이 세운 나라가 독립 국가라는 걸 당당히 밝혔지. 연호는 연도를 표시하는 말이라고 했던 것 기억나지? 예전 고구려의 광개토 대왕이 중국의 연호를 따르지 않고 독자적인 연호를 쓴 것처럼 발해도 그랬다는 거야.

또한 당나라와 발해 사이에 있던 돌궐˚과 남쪽의 신라에 사신을 보내 당나라를 견제하기도 했어. 이렇게 발해의 힘이 조금씩 커져 가자 당나라도 정식으로 발해와 외교 관계를 맺을 수밖에 없었어. 당나라는 대조영을 발해군왕으로 인정했지.

나라를 세우고 21년 만에 대조영은 세상을 떠났어. 하지만 발해의 기세는 더욱 널리 뻗어 나갔단다. 대조영의 아들 무왕은 옛 고구려의 영토를 거의 다 되찾았을 뿐 아니라 고구려가 차지하지 못했던 오늘날의 러시아 연해주 지역

돌궐 몽골 고원과 중앙아시아 지역에 걸쳐 살던 유목 민족

까지 땅을 넓혔거든.

또 그 뒤를 이은 문왕은 나라 안 발전에 힘을 기울여 당나라도 무시하지 못하는 강한 나라로 발해를 성장시켰지.

◆ ◆ ◆

그런데 혹시 그거 아니? 우리 역사에서 발해는 오랫동안 잊혀져 있었다는 것! 많은 사람들은 신라가 삼국을 통일하고, 그 뒤 고려와 조선으로 이어졌다고만 알고 있었지. 그런데 조선 후기의 학자 유득공이 《발해고》라는 책을 써내 이렇게 주장한 거야.

'그 대씨는 누구였던가? 그는 고구려 사람이었다. 그들이 차지했던 땅은 어디였던가? 그곳은 우리의 고구려였다.'

대조영이 고구려 사람이고, 발해는 고구려를 계승한 나라라는 뜻이야. 그래서 요즘에는 이 시기를 통일 신라 시대라고 부르는 대신 남쪽에 신라, 북쪽에 발해가 있었던 '남북국 시대'라고 표현하는 학자들이 많아.

그런데 말이야, 오늘날 중국은 자꾸만 발해의 역사가 자기네 것이라고 주장하고 있어. 발해가 당나라에 속한 지방 가운데 하나였다고 말이야.

발해의 백성 중에는 고구려 사람과 말갈 사람이 섞여 있었어. 고구려 사람들은 주로 지배층이었고, 말갈 사람들이 지배를 받는 쪽이었지. 그런데 말갈 사람들의 숫자가 좀 더 많았나 봐.

그래서 중국은 발해가 말갈 사람들의 나라였고, 중국에 속한 소수 민족이 세운 나라였다고 우기고 있지. 이제는 그 정도가 더 심해져 발해 땅이었던 곳에 중국의 박물관을 제멋대로 세우기도 했어.

물론 말갈 사람들이 더 많기는 했어. 하지만 이들도 대부분 옛 고구려 사람들이었어. 고구려 자체가 북쪽 지방의 여러 민족들로 이루어진 나라였으니까. 그래서 이들이 고구려 사람들과 힘을 모아 하나의 나라를 만들 수 있었던 것이지.

무엇보다 발해 사람들은 자신들이 고구려의 뒤를 이었다는 점을 분명히 했어. 그 증거도 여럿 남아 있는걸.

우선 발해는 다른 나라에 외교 문서를 보낼 때 '고려 왕'이라고 적었어. 일본 역사책에서도 발해의 사신을 '고려 사신'으로 기록하고 있고. 아, 그런데 왜 고구려가 아니라 고려라고 했냐고? 그건 고구려가 고려라고도 불렸기 때문이야.

이런 증거와 기록들이 분명히 있는데도 중국은 발해, 심지어 고구려까지도 자기네 역사에 집어넣으려고 억지를 부리고 있어.

어때? 역사 공부를 더 열심히 해야겠다는 의지가 불끈 솟지 않니? 우리 역사를 빼앗아 가려는 중국에게 논리적으로 당당히 맞서기 위해서는 더 많은 연구가 필요할 거야.

자, 이제 흥분을 가라앉히고 발해의 마지막에 대해 이야기해 보자.

'해동성국' 그러니까 '바다 동쪽의 번성한 나라'라고 불리던 발해는 926년 거란의 공격을 받고 무너지고 말아. 이게 무슨 날벼락이야? 도대체 무슨 일로 그렇게 잘나가던 나라가 맥없이 무너진 걸까?

그 무렵 거란은 통일된 나라를 세우고 중국의 중앙으로 나아가려 했는데, 혹시 발해가 중국의 편을 들지 않을까 걱정이 되었지. 그래서 발해를 공격했는데, 거란의 기록에 이런 내용이 있어.

'발해 사람끼리 서로 뜻이 맞지 않는 틈을 타서 싸우지도 않고 이겼다.'

음, 이 내용을 보면 나라 안에 뭔가 문제가 있어서 거란에 쉽게 무너져 버린 것으로 보이네. 발해의 지배자들 사이에 싸움이 일어났던 걸까?

다른 한편으로는 이런 주장도 있어. 당시 백두산의 화산이 폭발했다는 거야. 그 때

문에 치명적인 타격을 입고 거란의 공격에 대응하지 못했을 거라는 추측이지.

나라가 망하자, 발해 사람들은 고려로 많이 떠났어. 고려의 왕건이 발해를 친척의 나라로 여기며 이들을 반겨 주었거든. 고려 역시 고구려를 계승한 나라였으니까.

우리 역사는 발해가 무너진 뒤로 다시는 옛 고구려의 넓은 영토를 회복하지 못했어. 발해의 멸망이 참으로 안타까워.

복습하는 인물 연표	?	668년	?	698년	713년	926년
	고구려 장수였던 걸걸중상의 아들 대조영이 태어났다.	고구려가 멸망했다.	걸걸중상과 대조영이 고구려 사람들을 이끌고 당나라를 탈출했다.	대조영이 옛 고구려 땅에 발해를 세웠다.	발해가 당나라와 외교 관계를 맺었다.	발해가 거란의 공격을 받아 멸망했다.

조금 더 알아볼까?

발해 공주들의 묘가 들려주는 발해의 역사

　발해의 제3대 왕인 문왕은 딸들을 무척 사랑했어. 그런데 불행하게도 둘째 딸 정혜 공주와 넷째 딸 정효 공주가 젊은 나이에 세상을 떠났어. 문왕은 무척 슬퍼하며, 딸들의 무덤을 정성껏 만들고 그 넋을 기렸지.

　오랜 세월 숨겨져 있었던 이 무덤들은 현대에 와서 그 모습을 드러냈어. 1949년에는 정혜 공주의 묘가, 1980년에는 정효 공주의 묘가 발견되었거든. 이미 도굴꾼이 훔쳐 가 유물은 거의 남지 않았지만, 다행히도 정효 공주의 묘에 벽화와 묘비가 남아 있었어.

　벽화에는 공주를 모시던 사람들로 보이는 열두 명의 인물이 그려져 있어 발해 사람들의 모습을 엿보게 해 주지. 또 묘비의 비문을 보면 발해 사람들의 생활을 짐작할 수 있어. 장례를 삼년상으로 치렀고, 불교가 발달했으며, 중국 유교의 영향을 많이 받았다는 것을 알 수 있지.

학습 정리 퀴즈

2권으로 넘어가기 전에 잠깐! 퀴즈를 풀면서 1권에서 배운 내용들을 정리해 보자. 정답은 160쪽에 있는데, 다 풀고 보기다!

1 한반도에 사람이 살기 시작한 것은 언제부터일까? (   )

① 약 46억 년 전부터
② 약 70만 년 전부터
③ 약 4만 년 전부터
④ 약 5,000년 전부터

2 다음 빈칸에 들어갈 사람이 누군지 알겠니? 힌트! 단군의 엄마는 웅녀야.
(   )

환인 ──아들── (   ) ──아들── 단군

3 다음 중 설명이 잘못된 것은 무엇일까? (   )

① 우리 역사의 출발점인 고조선은 단군이 세웠다.
② '단군'은 제사장을 뜻하고, '왕검'은 정치 지배자를 가리킨다.
③ 단군 신화는 일연 스님이 쓴 《삼국유사》에 실려 있다.
④ 고조선에는 80조법이라고 하는 법이 있었다.

4 '주몽'이라는 이름은 무슨 뜻일까? (   )

① 활 잘 쏘는 아이
② 말 잘 타는 아이
③ 착한 아이
④ 잘생긴 아이

5 다음이 설명하는 사람이 누구인지 찾아 줄을 이어 보렴.

① 물의 신 하백의 딸이자, 주몽의 어머니 •   • ㉮ 소서노
② 주몽이 고구려를 세울 때 도왔던 여인 •   • ㉯ 유리
③ 부여의 왕으로 유화를 궁으로 데려온 인물 •   • ㉰ 유화
④ 주몽과 예씨 부인 사이에서 태어난 아들 •   • ㉱ 금와왕

6 다음 중 알에서 태어나지 <u>않은</u> 인물은 누구일까? (   )

① 주몽　　　　　② 온조
③ 박혁거세　　　④ 김수로

7 다음은 누구에 대한 설명인지 알겠니? (   )

> – 열일곱 살에 고구려의 왕이 되었다.
> – 우리 역사상 최고로 많은 영토를 차지했다.
> – '영락'이라는 독자적인 연호를 썼다.
> – 평양에 9개의 절을 세웠다.

① 소수림왕　　　② 근초고왕
③ 광개토 대왕　　④ 법흥왕

8 다음의 ㉮, ㉯에 들어갈 알맞은 말을 짝지은 것은 무엇일까? (   )

> 광개토 대왕의 아들 (㉮)은 아버지를 기리기 위해 (㉯)를 세웠다.
> 여기에는 고구려의 역사와 광개토 대왕의 업적 등이 새겨져 있다.
> 이 비석은 중국 지린 성에 있으며, 높이가 약 6.4미터에 이른다.

① 고국원왕 – 광개토 대왕릉비
② 고국원왕 – 이차돈 순교비
③ 장수왕 – 광개토 대왕릉비
④ 장수왕 – 이차돈 순교비

9 다음 그림이 가리키는 인물은 누구일까? (   )

① 김유신
② 계백
③ 이차돈
④ 연개소문

10 고구려를 무너뜨린 것은 두 나라의 연합군이었어. 어느 나라끼리 손을 잡았던 것일까? (   )

① 나제(신라-백제) 연합군
② 나당(신라-당나라) 연합군
③ 고당(고구려-당나라) 연합군
④ 제당(백제-당나라) 연합군

11 다음은 백제 건국에 대한 설명이야. 서로 맞는 것끼리 연결해 보렴.

① 백제를 세운 인물 • • ㉮ 온조
② 백제의 첫 도읍지 • • ㉯ 십제
③ 백제의 원래 이름으로 '열 명의 신하가 따른다'는 뜻 • • ㉰ 위례성
④ 비류가 나라를 세웠던 땅으로, 지금의 인천 • • ㉱ 미추홀

12 백제의 전성기를 열었던 제13대 왕의 이름은? 아마 헷갈릴걸~ (   )

① 근초고왕   ② 근고초왕
③ 근구수왕   ④ 근수구왕

13 백제는 4세기 무렵 일본과 활발하게 교류했어. 이때 백제 왕이 일본 왕에게 "후세에 길이 보전하라."며 전해 준 게 있는데, 그게 뭘까? (   )

① 오녀산성   ② 육두구
③ 칠지도   ④ 팔조법

14 신라는 당나라와 손잡고 백제를 무너뜨리려 했어. 백제는 마지막까지 치열하게 싸웠고 말이야. 이때 각 나라의 장수들은 누구였는지, 바르게 이어 보렴.

① 백제 •   • ㉮ 소정방
② 신라 •   • ㉯ 김유신
③ 당나라 •   • ㉰ 계백

15 다음은 박혁거세에 대한 내용인데, 한 가지는 틀린 설명이야. 골라 볼래? (   )

① 사로국의 여섯 촌장이 알을 발견했는데, 거기서 박혁거세가 태어났다.
② 박혁거세의 왕비인 알영도 알에서 태어났다.
③ 박혁거세는 왕이 된 뒤 나라 이름을 '서라벌'이라고 지었다.
④ 박혁거세는 죽어서 다섯 개의 능, '오릉'에 묻혔다.

16 신라 시대에는 세 개의 성씨가 번갈아 가며 왕을 맡았어. 다음 중 그 세 개의 성씨가 아닌 것은 무엇일까? (   )

① 박씨　　　　　　② 김씨
③ 이씨　　　　　　④ 석씨

17 다음에서 설명하는 '이 사람'은 누구일까? (   )

- '이 사람'은 신라 법흥왕을 보살폈던 신하이다.
- '이 사람'이 순교한 뒤로 신라는 불교를 공식 종교로 받아들였다.
- '이 사람'이 처형당하는 순간, 목에서 우윳빛 피가 솟구치고 하늘에서는 꽃비가 내렸다.

18 김유신은 자기 여동생을 김춘추와 혼인시키기 위해 아래와 같이 작전을 짰어. 다음 빈칸에 알맞은 말은 무엇일까? (   )

어느 날 김유신은 김춘추를 자기 집으로 초대해 같이 공놀이를 했다. 그러다 그만 김춘추의 ○○○이/가 떨어지고 말았다. 김유신은 여동생에게 ○○○을/를 달아 주라고 말했다.

19 다음은 신라의 골품 제도를 설명한 거야. 맞는 짝끼리 이어 보렴.

① 성골 •　　　　• ㉮ 골품 제도 안에서 가장 낮은 신분이다.
② 진골 •　　　　• ㉯ 신분이 두 번째로 높다.
③ 6두품 •　　　　• ㉰ 가장 높은 신분으로, 왕족이다.
④ 1두품 •　　　　• ㉱ 왕족이 아닌 신분 가운데 가장 높으며,
　　　　　　　　　　오를 수 있는 벼슬이 제한되어 있다.

20 신라의 스님이었던 원효는 ○○○○○○ 여섯 글자만 열심히 외고 진심으로 믿으면 극락으로 갈 수 있다고 했어. 이 말은 "아미타 부처님, 우리를 극락으로 갈 수 있게 도와주세요."라는 뜻이야. 빈칸에 들어갈 여섯 글자는 무엇일까?
(　　　　　　　　　　　　)

21 다음은 가야 사람들에 대한 설명이야. 관계있는 것끼리 이어 볼래?

① 김수로 •　　　　• ㉮ 알에서 태어나 금관가야의 임금이 되었다.
② 허황옥 •　　　　• ㉯ 가야의 왕손으로, 신라의 장수가 되어 삼국 통일을 이끌었다.
③ 우륵 •　　　　• ㉰ 가야금을 만들고, 여기에 맞는 곡을 지었다.
④ 김유신 •　　　　• ㉱ 아유타국의 공주로, 배를 타고 가야에 와서 왕비가 되었다.

22 '통일 신라 시대'를 다른 이름으로 부르자고 주장하는 학자들이 제법 있어. 그 이유는 당시 북쪽에 발해가 있었기 때문이야. 대조영은 고구려와 말갈 사람들을 이끌고 발해를 세우면서, 고구려를 계승했다는 것을 분명히 했지. 그럼, '통일 신라 시대'를 대체하는 다른 이름은 과연 무엇일까? (　　　)

① 발해 시대　　　　② 신라 발해 시대
③ 남북국 시대　　　④ 동서국 시대

찾아보기

1두품 123
6두품 123
8조법 25

ㄱ

가야 38, 46, 74, 101, 112, 132~141
가야금 141
간석기 12
강수 141
거란 42, 142, 149, 150
걸걸중상 143
걸사비우 143
검모잠 59
계백 80~88, 115
고구려 부흥 운동 59
고국양왕 39, 40
고국원왕 39, 76, 77
고려 19, 23, 49, 57, 58, 86, 90, 119, 147, 148, 150
고령가야 138
고연무 59
고조선 16, 18, 19, 22~27, 57, 60
골품제 123
관미성 42
관창 83~86, 121, 124
광개토 대왕 38~48, 54, 70, 78, 80, 139, 146
광개토 대왕릉비 47
구석기 시대 10, 11, 15
국내성 44, 45, 47
근구수왕 76
근초고왕 70~78, 80
금관가야 112, 134, 138~140

금와왕 27, 28, 33
김부식 49, 51, 57, 58, 86
김수로 132~138
김알지 99, 100, 101
김유신 81, 86, 110~121, 124, 141
김춘추 52, 54, 56, 57, 113~115, 119

ㄴ

나제 동맹 54, 111
낙랑 66, 96, 97
남북국 시대 118, 147
남해 99, 101
낭비성 111, 112, 114

ㄷ

단군 16~24, 30, 33, 34
당나라 51~59, 81~82, 86, 89, 115, 117~120, 122~130, 142, 143, 145~148
대가야 138, 140, 141
대소 28
대조영 142~147
도침 89
돌궐 146
동명왕 37, 65
동예 26, 38
동진 78
뗀석기 10~12

ㅁ

마라난타 105
마한 60, 61, 66, 67, 72, 73, 92, 97, 132
말갈 65, 66, 142, 143, 148

몽촌토성 69
무왕 146
묵호자 105
문왕 147, 151
미천왕 39
미추홀 62
민무늬 토기 14

ㅂ

박은식 49, 58
박혁거세 90~101, 134
발해 59, 119, 142~151
《발해고》 147
백률사 석당기 102
백제 부흥 운동 89
법흥왕 103, 105, 107, 108
변한 60, 61, 67, 96, 97, 132
보장왕 49
복신 89
부여 20, 26~28, 33~35, 37, 38, 60, 61, 65, 135, 143
북옥저 34
불교 39, 45, 46, 94, 102~109, 122~131, 151
불국사 109
비류 61~63, 71
비류국 34
빗살무늬 토기 13

ㅅ

사로국 91, 92
사비성 86, 115, 117
《삼국사기》 49, 51, 69, 86, 114

《삼국유사》 19, 23, 98, 136
삼한 60, 132
서라벌 95~98
석기 시대 11
석탈해 99, 101, 136, 137, 138
선덕 여왕 113, 115
선사 시대 15
설총 131
성골 123
성산가야 138
성왕 80, 81, 110~112
세속 오계 121
소가야 138
소서노 34, 61, 64
소수림왕 39~41, 45, 105
소정방 81, 115, 117
순도 105
신단수 17
신석기 시대 11, 12
신시 17
십제 62

ⓞ
아라가야 138
아유타국 135
아직기 79
안승 59
안시성 55, 56
알영 94, 95, 98
양만춘 55
연개소문 48~58, 114, 118
영고 37
영락 43

영류왕 49, 51, 52
오릉 98
옥저 26, 38
온조 60~71, 92
왕인 79
왜 43, 74, 96, 97, 139
왜구 43, 47
요서 75, 76, 142
요석 공주 131
우륵 141
웅녀 18
웅진 80
원효 122~131
위례성 62, 63, 65, 69
유득공 147
유리(남해의 아들) 99, 101
유리(주몽의 아들) 35, 36, 61, 64
유화 27, 31, 33
의상 124, 125, 129, 130
의자왕 81, 82, 86, 87, 89
이차돈 102~108
일연 19

ⓩ
정혜 공주 151
정효 공주 151
《제왕운기》 23
졸본 30, 35
주몽 26~38, 61, 64, 91, 92, 134
진골 123
진덕 여왕 115
진한 60, 61, 67, 91, 132

ⓒ
철기 138
철기 시대 11
청동기 13, 14
청동기 시대 11, 14, 15
칠지도 74

ⓔ
태백산 17, 21
태종 무열왕 115, 117~119, 131
태학 39
통일 신라 시대 118, 147

ⓟ
평양 44, 45, 48
풍납토성 69

ⓗ
하백 27, 29, 31
한강 12, 42, 45, 47, 54, 62, 66, 70, 80, 110
해동성국 142, 149
해모수 27, 31
행인국 34
허황옥 135
호공 97
화랑 121, 124
환웅 17, 18, 21~22, 33
환인 17
황산벌 83, 86, 115, 121
흑치상지 89

> 사진 출처

23쪽 **단군 영정** - 연합포토
35쪽 **오녀산성** - 유로크레온
47쪽 **광개토 대왕릉비** - 연합포토
69쪽 **초두** - 국립 중앙 박물관
69쪽 **원통형 그릇 받침** - 서울대학교 박물관
74쪽 **칠지도** - 북앤포토
98쪽 **오릉** - 연합포토
103쪽 **백률사 석당기** - 국립 경주 박물관
109쪽 **불국사** - 연합포토
139쪽 **철모, 말 머리 가리개** - 부산대학교 박물관
141쪽 **가야금** - 위키피디아
151쪽 **정효공주 묘 벽화** - 연합포토

- 길벗스쿨은 이 책에 실린 사진의 출처를 찾기 위해 최선을 다했습니다. 누락이나 착오가 있다면 다음 쇄를 찍을 때 꼭 수정하겠습니다.

> 학습 정리 퀴즈 정답

1. ②
2. 환웅
3. ④
4. ①
5. ①-㉰, ②-㉮, ③-㉣, ④-㉯
6. ②
7. ③
8. ③
9. ④
10. ②
11. ①-㉮, ②-㉰, ③-㉯, ④-㉣
12. ①
13. ③
14. ①-㉰, ②-㉯, ③-㉮
15. ②
16. ③
17. 이차돈
18. 옷고름
19. ①-㉰, ②-㉯, ③-㉣, ④-㉮
20. 나무아미타불
21. ①-㉮, ②-㉣, ③-㉰, ④-㉯
22. ③